JN108316

税金でこれ以上損をしない方法

40歳で資産1億円を達成した
税理士がやった
「手取りを増やす」全テクニック

公認会計士・税理士
永江将典

SE
SHOEISHA

はじめに

ベトナムやバリ島など海外旅行
ロマネコンティなど高級ワイン
ポーカーのイベントで遊んだ費用

これ、なんだと思いますか？

実はここに挙げたものは全部、昨年私が「経費」で落としたものです。

こういう話をすると、「え、そんなものが本当に経費になるの？」とか「海外旅行で遊んだり、美味しいワインを飲んだりして楽しんだ挙句、それを経費にするなんて、本当にそんなことして大丈夫？」と思う方がいるかもしれません。

でも、もちろん全く問題はありません。これらの費用は、ルールに則って申請しているので、きちんと経費になるものばかりなのです。


ただし、ちょっと注意が必要なのは、あなたが旅行にいったり高級なワインを買って

「よし、本にも書いてあったから、旅行もワインも『経費』に計上しておこう！」と思っても、それが必ずしもそのまま通用するわけではないということです。

経費を計上するときには、「基本のルール」をしっかり理解しているかどうかが、本当に重要な分かれ目となります。

逆に言えば、ここが理解できると、今まで「経費」として認識していなかったものもどんどん経費と捉えることができるようになり、節税しながら税金を自由にコントロールができるようになっていきます。

そうそう、他にも私が愛用しているキリンがビールジョッキに浸かっているイラストが特徴的なTシャツを「経費」で落としているという話をすると、驚かれることが多いです。

ご存じの方もいるかもしれませんが、洋服を経費で落とすのはとても難しくて、一般的には仕事で着る機会の多いスーツやジャケットですら経費として購入できないと言われています。

そんななか、私はTシャツを経費で落とすことができている。

なぜ、そんなことが可能なのでしょうか？

それは、税務署から「なんでこれが経費なのか？」と問われた時に、「これは私の事業戦略の1つとして使っているもので、私のYouTubeでのブランディング上、絶対的に必要なアイテムです。しかも、こんなふざけたTシャツを着てプライベートのときに出かけるわけがないですよね」と、税務署の人に「経費」にしている理由をしっかりと説明ができるからです。

そうです、あなたも「仕事で使っているんで！」ということが理由として完璧に言え、証拠も示せるようになれば、いろんなものを経費にできるようになるのです。

本書ではその方法をたっぷり解説していくので、ぜひ楽しみにしていてくださいね。

ただ、一方でしっかり強調しておきたいのは、この本は単なる「節税」のテクニックの本ではないということです。

正直、1円単位の細かい節税テクニックだったら私よりも詳しい税理士はたくさんいると思います。

私が本当に得意なのはその先の「手取りがどんどん増える経費の使い方」についてです。

最強の節税の方法は、何よりも「お金を使ってお金を増やす」こと。起業して交際費や外注費、調査費や広告費にお金を使いまくって節税しながら売上を伸ばしお金を増やすノウハウをマスターすれば、あなたも節税しながらお金が増える起業家の仲間入りです。そして私自身も東京や大阪などに税理士事務所を経営している身として、節税しながらお金を増やす方法は誰よりも詳しいという自負があります。

本書を通して、あなたにそんな「お金を使って節税をしながら、ビジネスを爆発的に伸ばす考え方」を知ってもらえたら嬉しいです。

これからこの本では、まずはちょっとした一工夫を活用して、あなたが普段何気なく使っているお金を「経費」にすることによって「手取り」を増やしていく方法を紹介していきます。

本書ではまず、1~3章で「必要最低限の支払いで済むように税金対策（節税）をすることで『手取り（手残り）金額』を増やし、生活を豊かにする」方法を見ていきます。ここは個人事業主・フリーランスだけではなく、会社勤めの方でも使えるノウハウが多く、いわば日本国民のための「守りの節税」についてをわかりやすく解説していきたいと思います。

4章では売上好調となった頃に気になる「税務調査」に対する対策を、5章は1億円以上を貯めることに成功した私が実際にやった節税方法を、6章では個人から法人になるかを検討するタイミングぐらいで有効な施策をお教えしたいと思います。

改めまして、本書では節税とビジネスの拡大を両立させる方法について私が持っているノウハウを全部お伝えしていくつもりです。

ぜひこの本をあなたのビジネスを成長のためのツールとして活用し、節税と成長を両立させるテクニックを学んでもらえたら嬉しいです。

では、最後までどうぞお楽しみください！

公認会計士・税理士　永江将典

目次

2章 こうしてバレる！「やってはいけない」アウトな経費ベスト10

3章

節税マスターレベル1
基本が最も重要！「誰でもできる方法」を駆使して正しく節税する

4章

節税マスターレベル1・5

個人事業になんて税務調査は来ない!?

「国税に狙われる人」の共通点

5章

節税マスターレベル2

1億円貯めた税理士が「自らやっている」節税対策

6章

節税マスターレベル3

個人より税金が安い？「法人」を使った節税ノウハウ

●本書に掲載されている情報は2023年8月時点のものです。最新の情報は国税庁のホームページや関係機関にてご確認ください。
●また本書で示した意見によって生じた損害および逸失利益に対し、著者・版元はいかなる責任も負いません。最終決定は必ずご自身のご判断でお願いいたします。

序章
これだけは知っておきたい
日本の税の仕組み
会計士・税理士 永江将典先生
妻ゆきこ（フリーランスイラストレーター）
夫けんた（サラリーマン）
はあ～、物価上昇で何でも値上がりしてんな……
でも、給料はそのままって、生活が苦しくなるばっかりじゃん！
サラダ油
それだけじゃないわ！頑張って働いても「増税」「増税」で手取りも増えないのよ～

ほらね、年収で１００万円差があっても手取りでの差は「71万円」に減るんだよ！
サラリーマンの年収と手取りの目安
❶年収400万円のサラリーマン
手取り315万円
❷年収500万円のサラリーマン
手取り386万円
もう働けば働くだけ損じゃない!?
そんなこと言ったら、フリーランスなんてもっと税金で持っていかれるわよ！
フリーランスの年収と手取りの目安
❶年収400万円のフリーランス
手取り309万円
❷年収500万円のフリーランス
手取り379万円
なんてこった！

でも、「税金」なんて私達がどうこう言っても、みんな同じように払っているしね……
はあ〜、どうしようもないか……
そんなことはない！
NO!
え!? だれ!?
とーう!

仮に同じ年収の人でも
払っている税金の額は
それぞれ違っています
ビックリ!
ええっ!?
そうなのー!?
ウヒャー…
もちろん納税は
日本国民の義務ですので
しっかりと納めなければ
いけません
しかし、
必要以上に
支払う必要は
ありません
「できれば少ない額で納税したい」
というのが
心情というものでしょう
たしかに
脱税はダメ!
NO!!
国税庁

そもそも、「経済的に豊かな生活をしたい」と思った時にまず考えるべきは「稼ぎを増やす」ということです
キラリ〜ン
その上で、しっかりとした「税の知識」を身につけ、可能な限り「課税所得」を低く抑えるというのが理想です
「課税所得」？？
あの
すみません、ところで、あなたはどちらさまですか？
失礼。ついつい熱くなってしまいました
私は公認会計士、税理士の永江将典と申します
会計士・税理士の先生でしたか
でも、普通の「先生」とは何か雰囲気が違うような……
ははは、それはお褒めの言葉ととっておきましょう

永江将典の人生すごろく
オギャーオギャー
1980年
愛知県
生まれ
2003年、
早稲田大学理工学部
応用物理学科卒業
トーマツ
公認会計士
合格
2003年、
公認会計士試験
に合格し、監査
法人トーマツへ
入社
気づけば「社畜」
THE・無計画!
2012年、
本当の自分を
求めて32歳で
起業
どん底
シンガポールの
億万長者にお金を稼ぐ
極意を学ぶ
飲食業やリハビリ業、
不動産業などを
開始
3年で税理士業は
5店舗へ拡大
YouTubeでは
3ヶ月で1億円を稼ぐ
現在
複数の事業を運営しつつ、
お金の悩み、将来への不安を
感じている方向けに
年収3000万円・資産1億円の実現を
目指すコミュニティを運営

なるほど！すごいキャリアの方なんですね
てへぺろ
40歳で資産1億円を達成なんて、うらやましい！
ところで、さっき言っていた「できれば少ない額で納税したい」と思った時に
私達みたいな普通のサラリーマンでもできることってあるのでしょうか？
さっき「課税所得」って仰っていましたが、よくわかりません
税の知識なんて学校で習った記憶もないいんですけど……
そもそも、みなさんが仰る「収入」とは、自分の手元に入ってくるお金のことを総じて指します
一方で「所得」とは、収入から必要経費を引いた金額のことで所得は所得税法で10種類に区分されています

会社員の方は「給与所得」、個人事業主の方は「事業所得」として課税され、その方法も異なります
会社員
「給与所得」
フリーランス
「事業所得」
収入
所得
必要経費
（給与所得控除）
課税所得
所得控除
× 税金
所得税額
まずはみなさんが納める税金の額が決まるまでを見てみましょう！
この「課税所得」の金額によって納める税金の額が大きく変わってきてしまうのです

まずは給与所得です
会社員やアルバイト・パートなどの給与所得者は特定の支出以外は経費が認められません
SE出版
会社員
しかし、このような給与所得者の事情も考慮し「給与所得控除」という形で給与収入から概算の経費を控除する仕組みがあります
給与所得控除ってそういうことだったんだ
この項目に該当する支出が給与所得控除額の半分を超える場合は「会社員特定支出控除」として確定申告で控除できます
転勤費　転居費　研修費
資格取得費　帰宅旅費
勤務必要経費（図書費・衣服費・交際費）
※勤務必要経費の場合、上限が65万円に設定
所得税を求めるには給与所得控除の金額を算出し、給与所得から所得控除を引いた額に一定の割合を掛けます
（給与所得－所得控除）
×
所得税率
＝
所得税額

次に事業所得です
農業・漁業・製造業・卸売業・小売業・サービス業などをはじめとする事業から生じる所得のことをいいます
フリーランスのライターやエンジニア、デザイナー、YouTuberの広告収入など個人事業主の所得の多くが事業所得に該当します
フリーランスイラストレーター
私は事業所得者ね！
事業所得は収入から必要経費を差し引くことが認められています
必要経費に該当する支出の例
打ち合わせで使用したレンタルルーム
パソコンの購入費
事業で使用する携帯料金
打ち合わせ先へ向かう交通費
事業に関連する書籍の購入費など
経費として計上するためには原則として領収書やレシートが必要となります
領収書ください

なるほど〜
「節税」をするために必要になってくるのが、いかに「必要経費」と「所得控除」を多く計上できるか考えること
特にフリーランスの方はできるだけ多くを「必要経費」として計上し、所得から差し引くことができるようにするかが重要です
しかし、こういった「税の知識」は残念ながらほとんどの学校で教えてはくれませんし、
「節税」いたっては、その知識を教えてくれるところを聞いたことがありません
やっぱりそうなんだ
先生、その「税の知識」って教えてもらえるのでしょうか？
もちろんです。私はみなさんに「正しい節税の知識」を知っていただきたく活動を続けていて、
SNS配信や講演なども積極的に行っています
YouTube
http://www.youtube.com/channel/UCnTlcALbqBiXkScwAc2-vkA
すばらしい！

「正しい節税の知識」としては、たとえば、家族に仕事を手伝ってもらっている場合、青色申告を利用して家族にお給料を払うことで税金が8万円安くなるといったことが可能です
こういったことは他にもたくさんあり、全て「知っているかどうか」がカギとなります。
脱税は絶対にダメ NO! 国税庁
すごーい!
ぜひ知りたいです!
その全てを紹介していきましょう!
はい、それでは、『税金でこれ以上損をしない方法 40歳で資産1億円を達成した税理士がやった「手取りを増やす」全テクニック』

1章

「知らなきゃ損する」誰もがやりたい節税しやすい経費ベスト10

どこまで経費にしていいの？経費の限界はどこ？

はじめに「あれっ、そもそも『経費』ってどこからどこまでだっけ？」と思ったあなたに、経費の基本的な考え方をお伝えしていきますね。

私達が仕事をする上で大小様々な費用がかかります。

仕入れにかかったお金やシステムの利用料などが経費になるのはイメージしやすいかと思いますが、仕事でもプライベートでも共通して使う様々な消耗品や車のガソリン代、それに取引先のご機嫌伺いに送ったお中元やお歳暮が果たして全部経費になるのか？と聞かれると、「うーん……」と悩んでしまう方も多いかもしれません。

そこで、まずは「経費」の定義を見ていきましょう。

経費とは、仕事をするために直接必要なお金のことを指します。要は、仕事をしようと思ったら必ず払わないといけないお金のことですね。

ここでキーになるのは、「仕事のため」と「直接」という2つのポイント。「仕事のため」はイメージしやすいでしょうが、「直接」って一体何?と思う方もいることでしょう。

実際、「直接」に関する認識の違いで税務署と我々のような起業家・フリーランスが税務調査の場面で火花を散らすバトルになることもしばしばあります。

では、「直接」とは何か、わかりやすい例をもって説明しますね。

例えば、「Ｚｏｏｍでミーティングをするたびにパソコンが重くなる……。これじゃクライアントに迷惑もかけるし、思い切って新しいパソコンに買い替えようかな」とあなたが考えてパソコンを新調したとしましょう。

この場合、「パソコン購入費」はばっちり「経費」です。

でも、ここで少し調子に乗って、画質の良くなったパソコン上の画面に映る自分の顔をよりキレイに見せるために美容院に行ってヘアスタイルを整えたとしても、その「美容院代」はあいにく経費にはなりません。鏡を見ながら「こんなにイケてる髪型になったからまあいいか」と自分を慰めるしかありません。

残念ながら、仕事とプライベート両方の目的を持つもの、例えば先ほどの「美容院にかかる費用」のようなものは、経費にするのが難しいものの1つです。

よく「なんでもかんでも仕事につながっているなら経費になる」と考えている人もいますが、その考えのもとで確定申告をするのは危険です。

もし今まで「とりあえず仕事でも使っているから経費にしておこう！」というノリで色々と経費にしていた方がいたら、ぜひ本章で答え合わせをしてみてください。意外と経費計上には制限が多いことがわかると思います。でも、微妙な費用が経費にできるという場合もあります。

では早速、具体的な事例を見ていきましょう！

売上を得るためにかかった費用＝経費

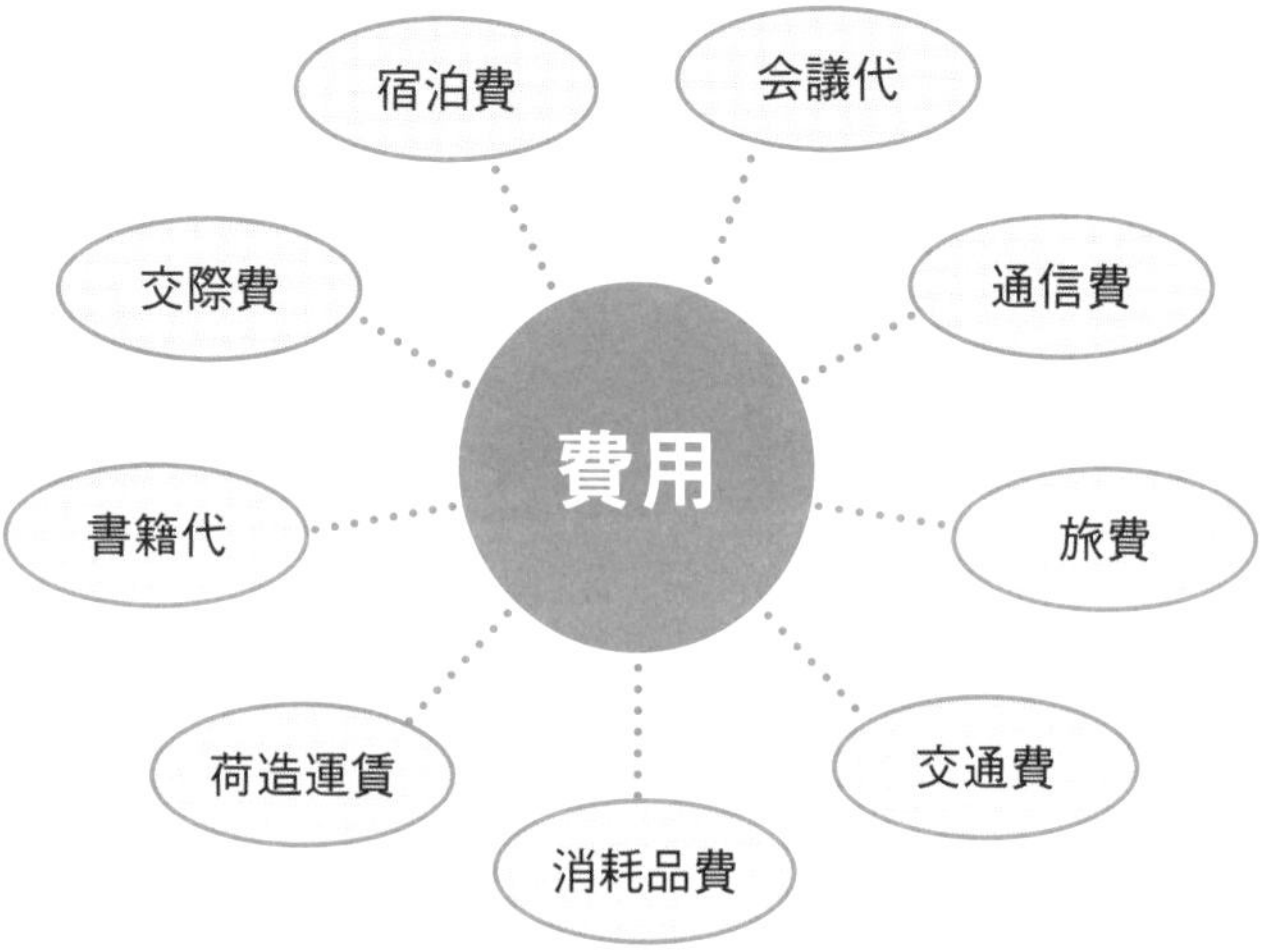

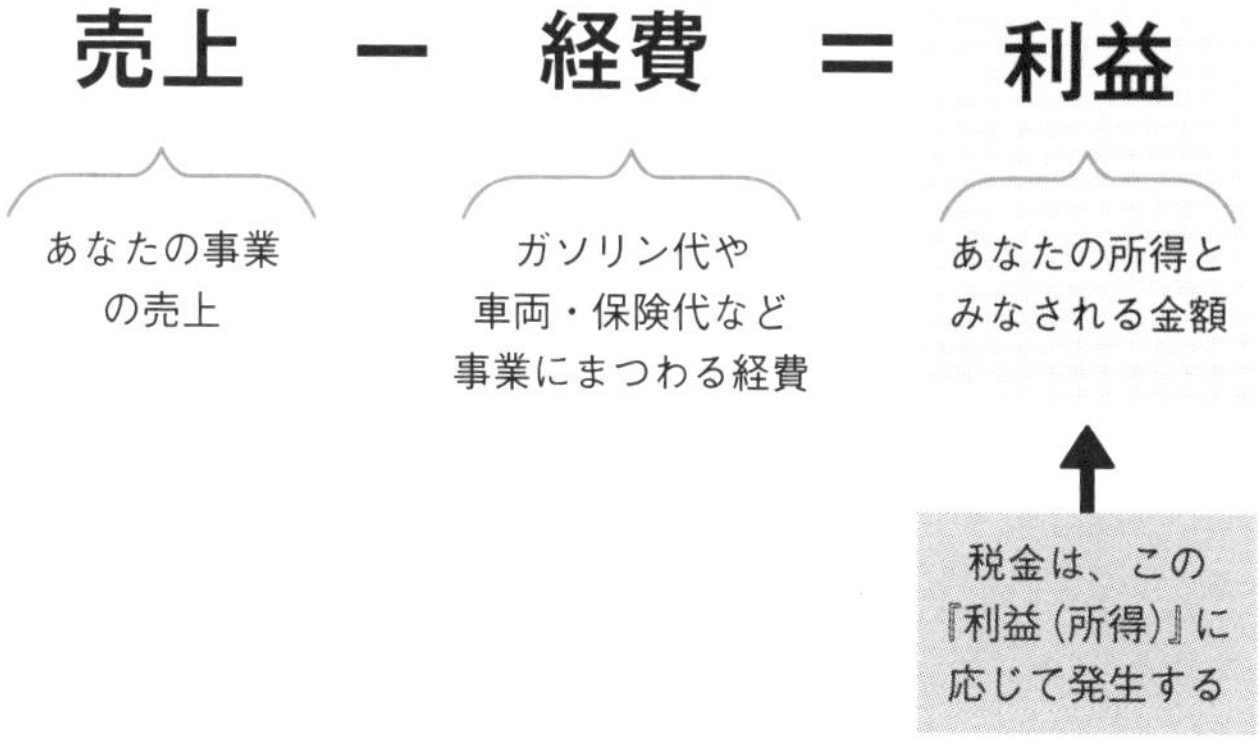

1

家族との食事を「経費」にするには？

さて、最初のテーマは「家族との食事を経費にする方法」です。

全ての食事を経費にしようとする野心溢れるそこのあなた、ちょっと待ってください！

当然と言えば当然ですが、家族と「普通に」食事をしても、その飲食費を事業の経費として計上することはできません。

美味しいものを食べたら家族仲がより良くなり、あなたの仕事への理解も深まり、間接的に仕事の効率が上がり売上が増えるかもしれませんが、それは残念ながらあなたの事業とは直接的には関係ないことです。

仕事のために「直接」使ったお金ではないので、経費にはなりません。

それにもかかわらず、「飲食をしたのだから『交際費』や『会議費』でいけるだろう！」と思って、飲食店のレシートをなんでも「経費」にしてしまっている人を仕事柄、かなりの頻度で見かけます。

でも、もしこれで税務調査が入るとなると、高い確率で「これは経費ではない！」と判断され、追加で税金を支払うことになってしまいます。

ちなみに「交際費」とは、仕事で得意先や取引先などへの接待や慰安、供応、贈答などを行うことを目的として支出する費用のことで、「会議費」とは、仕事に関して行われる社内外の会議や打ち合わせの際に必要となる費用のことを指します。似ているようですが、原則として取引先と「接待」を目的とした食事をした場合は「交際費」になります（飲食費のために要する費用については、支出した金額を飲食等の参加者の数で割って金額が5000円以下である場合には交際費からは除かれるといったルールもあるのですが、このあたりは後述します）。


ここで、実際に税務調査で経費と認められなかった典型的な事例を紹介しますね。

あなたのオフィスは東京都新宿区にあって、家は群馬県高崎市（新宿区まで90分以上）にあるとしましょう。そんなあなたが毎週土日に高崎市で6人で食事をしている。しかもあなたはちょうど6人家族。

さて、どうでしょう。誰がどう見ても、毎週家族と食事をしているのは明らかですよね。

これでは「あなた、事業とは関係のない家族との食事を経費に計上していますよね？」と税務署に問い詰められてしまいます。

税務署は証拠をつかもうと思ったら、それこそレシートや領収書を発行した飲食店に直接出向き、店長に質問したりすることもあります。


ここまでわかりやすい例でなくても、食費を経費にするには、「誰と、何のために食事をしたのか」を明らかにしなければなりません。

当然その内容も「会食しました！」「親交を深めました！」といったふわっとした内容ではなく、事業につながる内容であることを説明できないと経費にはできません。


では、どうしたら家族との食事も仕事のために「直接」使ったお金ですと言えるのでしょうか？

例えば、あなたがファミリー向けの飲食店を経営していた場合。新しいメニューを考えるために、奥さんや子どもからライバル店のメニューを食べた感想がどうしても必要だという場合。これは新しいメニュー開発のために必要な仕事とみなされ「経費」にできます。

でも、この場合でも「家族で食事」は税務署にとても疑われやすいので、その食事に対する感想コメント（仕事の参考に使った証拠）などを残しておくようにしましょう。「経費だ！」と主張するための証拠の作成です。

会社に勤めている人は、会社のお金（経費）を使おうと思うと、必要な申請をして結果を報告する書類（経費の証拠）を作成したりしますよね。

個人事業主やフリーランスが経費を使う場合も、それと同じくしっかり証拠を残しておく必要があります（特に疑われそうな経費ほど）。

このように、「仕事のために直接必要だ！」と明確に言えるものは経費になります。

まずは、この考え方をしっかり覚えておいてください。

2

家賃や水道光熱費を100％経費にする方法

フリーランスの世界では、家賃や光熱費をそっくりそのまま経費にしようとする方をしばしば見かけます。

特に、自宅がオフィス代わりの場合、「家で仕事をしているんだから、家賃や光熱費は当然経費にできる！」と疑いの念すら生じないのかもしれません。

しかし、フリーランスの人が家賃や水道光熱費を経費に計上するには注意が必要です。家賃・水道光熱費の経費処理にはルールが存在し、それを無視してしまうと、後で経費の過大計上を指摘され、追加で税金を払うことになります。

そうならないためにも、家賃・水道光熱費の経費処理のルールをぜひこの項でしっかりと学んでいただければと思います。

▽確定申告の方法によって経費計上ルールは異なる

前提として、家賃や水道光熱費を経費に計上するときのルールは、あなたが確定申告の際に「青色申告」か「白色申告」のどちらを選択するかによって異なります。

ここで、本章を理解する上でキーとなる、「青色申告」と「白色申告」の違いについて最初に見ておきましょう。

フリーランスで事業からの収入がある人の確定申告の方法には、青色申告と白色申告の2つがあります。

このうち、税制上の優遇措置を多く受けられるのが青色申告です。

青色申告では、複式簿記と呼ばれる方式で帳簿をつけることが義務付けられています。確定申告の際には確定申告書だけでなく、損益計算書、貸借対照表などの作成も求められるため、日々の帳簿の管理や申告書の作成に時間と手間がかかってしまいます。

一方で、確定申告の際に控除（課税対象額から一定金額を引くこと）の額が増えたり、経費として計上できる金額が増えるなど、白色申告に比べると節税上のメリットがたくさんあります。

また、青色申告をするためには事前に開業届と青色申告をするための申請書が必要になり、申請なしで使うことができないので注意が必要です。

もう1つの申告方法である白色申告では、帳簿は簡易帳簿と呼ばれるシンプルな形式でよいとされ、確定申告の際にも貸借対照表の提出が求められていません。だから簡単！ その分、経費は青色申告よりも認められにくく、確定申告の際の控除も青色申告に比べると少ないのが特徴です。

青色申告と白色申告の違いを簡単に表にまとめると次のページのようになります。

青色申告と白色申告の違いはあとでさらに詳しくお話をしていきますが、まずはこのような違いがあることを頭に入れておいてください。

▽青色申告の家賃・水道光熱費計上ルール

青色申告の場合、仕事で使っている割合で、経費にすることができます。

つまり、家の中でオフィスとして使っている割合が1割でも半分でも、その割合に応じて家賃を経費として計上することができるのです。

例えば今住んでいる家の家賃が20万円で、そのうち半分をオフィスとして使っているなら10万円、4分の1なら5万円を経費として計上できるという計算になります。

青色申告と白色申告の違い

	青色申告	白色申告
帳簿の方式	複式簿記	簡易簿記
確定申告の際に必要な書類	確定申告書B 青色申告決算書 貸借対照表 損益計算書 など	確定申告書B 収支内訳書
控除の額	所得金額から55万円(一定の要件を満たす場合は65万円)または10万円を控除	なし
申告を行うための要件	原則として青色申告しようとする年の3月15日までに「青色申告承認申請書」を管轄の税務署長に提出して、承認を得る。申請が認められれば、自ら青色申告を取りやめるか、取消処分がない限り、その効果は続く。	なし

▽白色申告の家賃・水道光熱費計上ルール

一方、白色申告の場合は「家の50%超」を仕事で利用していなければ、そもそも経費にできません。これは家賃が5万円でも30万円でも変わりません。

家の半分がオフィスになっているフリーランスってちょっと想像しにくいですよね。そう考えると、白色申告で家賃、水道、光熱費を経費に計上できる人は少ないため、「経費を増やして税金を減らしたい！」と思う人達は青色申告を選ぶわけです。

▽「仕事で使う割合」の計算方法

ちなみに、この「仕事で使う割合」はどう計算するのかということを疑問に思いますよね。

実はこの「割合」の計算、完全に自己申告なのです。

どう計算するかというと、家の全面積に対して仕事で利用している面積の割合を自分で計算して経費にする割合を決めることになります。

私のクライアントで家で仕事をしている方の中で最も家賃や水道光熱費を多く経費にしていた人は「95％」を経費に計上していました。さすがにやりすぎだろうと思い、私はこの方の自宅を見学に行きました。この方は、Ａｍａｚｏｎやメルカリで物販をしています。

そして、家の中を見ると、家中に段ボールが山積み状態でした。押入れの中やキッチン、トイレの中まで空きスペースがあれば全ての場所に段ボール。そして寝る場所は、布団を敷くタタミ一畳分のみ。

この方のもとに税務調査が入ったのですが、調査官の方も家賃の95％の経費化に納得されていました（とても驚いていましたね）。

▽家賃を100％経費にする方法

仕事とプライベートが混在する自宅は、このように経費にする割合を自分で計算して経費にします。このため、**100％経費にするならば、プライベートでの利用を完全排除する必要があります。**

自宅の家賃が100％経費になる例としては、住むための家とは別に事務所として家賃を払っている場合や、親と同居していて家では仕事ができないから別途、家を借りている場合です。これらは仕事とプライベートが区別されているため、家賃を100％経費にすることができます。

対して、自宅をプライベートと仕事の両方に使っている場合は、必ずその割合を計算して申告することが必要です。

3

明日の仕事につながる、取引先などを接待するための「交際費」

ビジネスを拡大していく上で、お客様との関わりはかかせません。

そして、お客様と円滑な関係を築いていくうえでは「飲み代」「食事代」「プレゼント代」などの費用も当然かかってきますよね。

こういったお客様を接待するためにあなたが払った費用も、きちんとルールを守って取り扱いをすれば、「交際費」として経費に計上していくことができます。

この項では、交際費の正しい取り扱い方を学び、お客様とのつながりを大事にしながら節税をする方法をマスターしていきましょう！

では、まず改めて交際費の定義を見てみます。

『交際費等とは、交際費、接待費、機密費その他の費用で、法人が、その得意先、仕入先その他事業に関係のある者等に対する接待、供応、慰安、贈答その他これらに類する行為（以下「接待等」といいます。）のために支出するもの』

と国税庁のホームページに書かれています。これは法人の交際費についての定義になりますが、個人事業主・フリーランスの場合もこの定義を参考にしながら経費にできるかを判断していきます。

ここでキーになるのが「その得意先、仕入れ先その他事業に関係のある者等」という言葉です。

つまり、ざっくり言うと「ビジネス関連の人との飲み会やプレゼントなど」というイメージですね。注意しなくてはいけないのは、ただ飲んで騒いだだけではダメだということ。しっかりと仕事と関係していないといけないのです。

そして、もう1つ、交際費の金額にも注意が必要です。お金を使うことでビジネスがどれくらい伸びるか、これを考えながら出費をコントロールしましょう。

例えば、年間10万円分の仕事をくれるクライアントに対して、毎年100万円分の贈り物をしていたら……「このお金の流れはさすがにおかしい」と思われて当然です。

逆に言うと、受注した金額が大きければ高級レストランなどでの接待も全額交際費として計上することができるので、この場合は積極的に経費計上していくと良いでしょう。

例として、私が贅沢なワイン会の参加費を全額経費にした例を紹介します。

以前、参加費が30万円以上するワイン会にお世話になった方をお誘いして参加しました。私はこの参加費を交際費として経費にしたのですが、お誘いした方から事前に年間2000万円以上の仕事の依頼をいただいていたお礼として参加しました。また、ワイン会の後にも何件も仕事を依頼いただくことができました。税務署の方に、「30万円以上もするワイン会は贅沢すぎて経費として認められない！」と指摘されたら、この方経由で紹介された仕事を全て説明して、「この時の接待がなかったら売上が年間1000万円以上減少し、利益も税金も減ってしまいます！」と説明するつもりです。

税務署が反面調査（税務調査対象者ではなく、取引先などの関係先に対して実施される調査）でお世話になっている方のところへ「本当ですか？」と質問に行かれても、後ろめたいことは全くないので（お時間を取らせることは申し訳ないですが）、堂々と経費に計上しています。

確定申告は、まずは自分が思った通りに経費を入れることができます。そして、税務署

が税務調査に来た時に答え合わせをすれば良いのです。必要以上に心配して、経費を減らしすぎては勿体ないです。

というわけで、交際費を使ったら、とにかく記録、記録、記録！「誰と」「何のために」お金を使ったのか、これをしっかりと領収書やレシートにメモしておきましょう。税務署と揉める前に自分で正確に把握しておくことが大事なのです。

お客様を接待するために使ったお金を経費として計上していけば、税金を減らしながら人脈を構築していくことができるので、ビジネス上大きなメリットがあります。

ルールを守りつつ、交際費を賢く活用して、事業を大きく展開していきましょう。

ちなみに、30万円のワイン会は私の過去最大の交際費でした。でも、このワイン会に参加していた他の方とも仲良くなった結果、そこからも大きな仕事に発展しました。30万円をポンと出せる人たちは会社の規模も大きく、1つの仕事の依頼金額も大きくなるのです。また、ビジネスに対する考え方も、一緒に話しているだけでとても勉強になります。

上手に交際費を使いながら、大きな仕事を出してくれる人脈を増やしていきましょう！

4

ライバルを研究するための「調査費」

さて、次は「調査費」について解説していきましょう。

競合相手を見て、どうやって儲けているのか、実際にその商品やサービスを体験して成功の秘密を分析したり、新商品のサンプルを無料で体験してもらったりするための出費、これを調査費と呼びます。事業をしていく以上、その業界全体の分析やライバル店の調査は必須ですから、そのために使ったお金もきちんとルールを守れば「経費」として計上することが認められています。

さて、あなたはこの調査費をうまく活用していますか？　ここでは、実例を紹介しながら、調査費が経費として認められる境界を見ていきましょう。

▽ポーカーのゲーム代を調査費として経費計上

以前、新しい事業を始めようとフランチャイズショーに参加した時のことです。そこに私がよく遊びに行っていたポーカー（トランプを使ったゲームの一種。優勝賞金10億円を超える世界大会もあるくらい人気）のお店の社長が来ていて、フランチャイズでポーカー店を経営したい人を募集していました。

話を聞いてみて、事業として始めても面白そうだなと思い、実際にいくつかのお店に遊びに行きました。

「どのくらいお客さんが入っているか？」「料金設定はどうなっているか？」「スタッフは？」「家賃は？」などなど、ポーカーで遊びながらライバル店がどのくらい儲かっているそうか予想してみたり、お客さんが遊びに来てくれる店作りをするにはどうしたらいいかを考えながら店内をキョロキョロ見たり、写真をパシャパシャ撮影したりしていました。

この時の遊んだお金は「経費」にしています。この調査をしておかないと、私は自信をもって新しいお店を始めることができません。

安易にお店をスタートさせて赤字を出してしまったら、税務署に払える税金も減ってしまいます。まだ始めていない事業ですが、出店のための調査費用として何回か遊んだゲーム代を「経費」にしたのです。

▽勉強のために競合他社のサービスを受けてみる

先ほどは事業を開始する前の場合の例を紹介しましたが、あなたがすでに事業を開始している場合も、競合相手の動向をチェックするための出費を「調査費」として経費にすることができます。

例えば、もしあなたが飲食店を経営していたり、美容院を展開しているのなら、ライバル店を訪れて飲食をしたときの費用や同じ地域にある美容院でカットやカラーの施術を受けたときの出費もしっかりと経費にできることになるのです。

ただ、ここで大事なのは、ただ楽しむだけではダメということ。美味しい食事を楽しんだだけ、髪をキレイにしてもらってリフレッシュしただけではダメなのです。

しっかりと調査するための行動を取らないといけません。例えば、メニューの写真を撮ったり、使っている道具をチェックしたり、そして帰ってからは調査報告書を作成する、こういった「調査した」という事実が大事になります。

▽調査をしたけど事業にならなかった場合

面白いことに、もし調査した結果、競合相手には敵わないと判断してビジネスを止めることになったとしても、その調査費は経費にできるのです。だって、それもビジネスの一環ですからね。しかし、だからといって、なんでも経費にすると危険です。

私がポーカーで遊んだお金を経費にしたと書きました。多い年で年間300万円くらいポーカーで遊んでしまっていた時期がありましたが、経費にしたのは数万円程度です。「遊び」と「調査」はしっかり区別して、本当に調査した時以外は経費にしていません。調査した以上に遊びで使っていて、「遊んだ時は経費にしてないでしょ?」と調査官の方にも見せられるようにしています（遊びで使った時のレシートも残しています）。

というわけで、調査費を計上するためにはまずはしっかりと記録をつけることが大切。サービスを受けた感想だけでなく、ライバルがどんな価格設定にしていたか、お客様を呼ぶためにどんな工夫をしていたか、店内のレイアウトはどうなっていたか……などなど、詳しい記録をつけることで、調査費として認められやすくなります。

また、プライベート使用と調査のための利用はしっかりと分けておくこと。しっかりとルールを守りながら調査費を活用していってください。

5

自社商品やサービスをパワーアップさせる「研究費・研修費」

次に、私が得意とする研究費・研修費を使った節税ノウハウを紹介しましょう。

起業初期、私は税理士としての経験がゼロでした。自信も人脈もなかった私は、とにかく「安さ」を売りにお客さんになってくれる人を集めていました。

しかし、このやり方を続けても安い仕事を大量にこなして時間を切り売りし、ボロボロになりながら生活費を稼ぐ未来しか見えなかったので（実際にそうなっている税理士をたくさん見ました）、ここから抜け出そうと税理士向けの色々な勉強会に参加しました。

そして、税理士として他との差別化をできるようにしようと「1つのことに力を入れよう！」と決めた分野が税務調査でした。

税務調査のノウハウを学ぶために何百万円も研修費用を払って色々と学んだ結果、普通の税理士が対応できない税務調査まで対応できるようになり、仕事の依頼単価も起業直後の10倍以上になりました。

このように私は、起業後数年間は研修費を使いまくっていたので、税金もほとんど払っていませんでした（笑）　未来への投資をしながら、節税もしまくっていたのです。

また、将来はスタッフに仕事を任せて、自分は新しい事業にどんどんチャレンジしていきたいと思っていたので、採用したスタッフにもいろんな研修に参加してもらい、仕事を任せられるように育てていきました。結果、スタッフの教育のために研修代を使いながら（節税しながら）、自分は働かなくてもいい状態、新しい事業の立ち上げに集中できる状態を作ることができたのです。

節税しながら（研修費を使いながら）仕事の単価をアップさせお金を増やし、増えたお金を研修費に使ってスタッフを育て、また節税し、自分が働かなくてもいい状態を作ったわけです。**経費をうまく使えると、節税しながらお金と時間の自由を手に入れられるのです！**

おかげで先月も3週間ほど事務所を留守にし、インドネシアのバリ島・ロンボク島へ行くことができ、新しい事業のリサーチをしてくることができました。もちろん、飛行機代も宿泊費も全部経費です！　現地ではバリ島でビジネスをする日本人の方に何名かお会いし、現地での人脈も作れました。お土産代や飲み代ももちろん経費にしています！

というわけで、節税に大きな力を発揮してくれる研究費や研修費ですが、ここからは経費にできる範囲やルールを紹介していきます。

▽そもそも研究費・研修費とは？

「研究費」とは、自社の商品・サービスをよりパワーアップさせたり、新しい商品・サービスを開発したりするためにかかる費用のことをいいます。

一方で「研修費」は、自社のスタッフがスキルアップしたり、新しいスキルを身につけたりするための研修にかかる費用のことを指します。

これらは両方とも自社の商品・サービスをより良くするために使われる費用ですが、その対象と目的が少し異なります。ここでは「商品開発のために使ったお金も、スタッフ育成のために使ったお金も、どちらもビジネスを拡大していく上で大事なコストなので経費として計上ができる」という理解があれば十分です。

では、実際に研究費や研修費を経費計上する上では、どんなルールがあるのかを見ていきましょう。

▽研究費・研修費を経費にするためのルール

研究費・研修費は事業に必要な費用であれば、金額の上限なく経費に計上することが可能です。

例えば、1回の参加費用が30万円の高額なセミナーであっても、事業を行ううえで必要なものであれば、経費として全額を計上することができます。ただし、ここで重要なのは、ここまでも何度かふれてきた「業務に直接関係があるかどうか」という考え方です。

つまり、いくら自社やスタッフの商品力・スキルアップにつながるとしても、ビジネスに直接関係がない費用であれば、「経費」として認められにくくなってしまいます。

重要なのは、その研修が業界一般で行われているものか、つまり同業他社が同じような研修に投資しているか、これがポイントとなってきます。

例えばあなたがカフェを経営していて、バリスタの技術向上のための研修を行うなら、これはうなずける経費ですよね。同様に、

- 飲食店の接客マナーの講習費用
- エステティシャンがマッサージ技術を向上させるための研修費用
- トラック運転手が大型免許を取得するためにかかる費用

なども研修費として経費にすることができます。

一方、**そのスキルを身につけたところで、売上アップにつながる可能性が低い場合は、経費にすることは難しいです。**

例えば、あなたが経営している中華料理店で従業員にフランス語を習わせるという場合。これは税務署の調査官も「本当にそれって必要なお金ですか?」と首をかしげてしまいますよね。

「ちょっと待って! でも、もしかしたらそのフランス語が将来的に何かの役に立つかも?」と思う方もいるかもしれません。そうですね、確かに将来のビジョンがあるなら話は別です。例えば今持っている飲食店のノウハウを生かして、次はフランス料理店を開こうと考えている……そのような場合なら、「経費」として認められる可能性も十分に出てきます。

ただ、そういった場合は、しっかりとその事業計画を立てて、それを記録しておくことが大事になってきます。

研究費・研修費を使ってスキルアップ、商品もパワーアップしながら節税できてしまうというのは最高ですよね。

ちなみに先ほど、3週間バリ島・ロンボク島へ旅行していた話を書きました。

何をしていたかというと……前半は、映画や書籍にもなったバリの兄貴ツアーとして経営者の方達10名ほどをご案内してきました。

ちゃんと旅行企画代をもらって（売上発生）、私の旅費もその中で賄って利益が出ている状態です（まさにビジネス！）。後半は、現地でとある事業を始めようと思い、15年以上バリでビジネスしている方に相談したり（証拠写真あり）、とある会社に話を聞きに行き、私もやりたい！と思えたので業務提携してきました。

こうやって書いておくと、先ほど「経費で3週間もバリ島へ行った⁉ けしからん！」と思われた税務署の方がいたとしても、「そういうことか……」と納得してくれるのではないかなと思い、何をしていたかも書いてみました（笑）

ビジネスにおいてお金を使う場所は非常に重要です。お金をうまく使って、節税しながらビジネスをレベルアップさせていきましょう。

6 友達に仕事を依頼して増やせる「外注費」

これまで交際費、調査費、研修費などを見てきましたが、次に紹介するのは「外注費」です。

外注費とはその名の通り、自分の事業の一部を外部の人（企業）に手伝ってもらって払うお金のことです。

例えばホームページを作ってもらったり、チラシをデザインしてもらったり、SNSの運用を手伝ってもらったり……こんなふうに自分にはできないことや、時間がなくて手をつけられないときに発生した費用を外注費として経費にできます。

私は経営者としてスタッフを積極的に雇い、どんどん事業を拡大していくことを目標としていますが、そうではない方であれば、仮にその年の利益が予想よりも出て、このままでは税金をたくさん支払うことになりそうだというときには、外注費をどんどん活用してほしいなと思っています。

「外注なんてせずに自社のスタッフに任せれば（雇えば）いい」という考えもありますが、スタッフに支払う「給与」と外注費は大きな違いがあります。ちなみに「給与」とは、会社で働く会社員などが労働の見返りとして、事業主から支払われるもののことです。

外注費は一般的な給与と比べて、

❶源泉徴収義務がない

❷外注費は課税仕入取引なので支払う消費税から控除することができることから消費税の納付額も抑えられる

❸給与と異なり社会保険の加入義務もないので、保険料の負担がない

という利点があるので、スタッフを雇うより外注を選びたい、という経営者も多いのです。そもそもスタッフを雇い入れる場合には、採用活動から中長期的な視点での教育までを考えなくてはならず、どうしても面倒な面が出てきてしまうものです。

また、「外注に出してみたけど成果物が微妙で……もう外注を使うのを諦めました」という方がいますが、むしろそんな時こそ、新しい外注先開拓をしながら節税してほしいなと思っています。仮にまた残念な外注先に当たっても、節税になるじゃないですか！

私が実際に外注費を使って失敗しながら節税した実例を1つ紹介します。

1発で最高の外注先が見つかることなんて、まさに僥倖《ぎょうこう》、めったにあることではありません。

私は自社のホームページの制作を外注するにあたって、5社ほど実際に依頼してみて失敗を繰り返し、400万円以上をムダにしました。

ある1社は自信満々に「うちがHPを作れば、ネットからガンガン仕事が受注できますよ！」と営業され、200万円でHP制作を依頼しましたが、結果は「問合せ0件」と惨敗を喫したこともあります。

それでも諦めず外注先を探し続けた結果、今はとてもいい仕事をしてくれる外注先が見つかりました。また、その外注先へたくさん依頼をしたり、友達にも紹介していることから、その外注先から逆に税理士事務所を探している方を紹介されたりもします。

私自身が事務所を成長させていきたいと思っているため、お客さんが増えていき、外注先に顧客の紹介ができます。

そして、この仲良くなった外注先は私の事務所以上に成長しています。だから、税理士を探している方も次々と紹介してくれるのです。

いかがでしょうか？
外注して素晴らしい成果物をゲットしながら税金も減らせ、自分の時間も増え、さらに一緒に成長していけるビジネスパートナーとして付き合っていける外注先が見つかったら、仕事がより楽しくなっていきます。

「節税したい！」と思ったら、外注費を使って経費を増やしながら、理想のビジネスパートナーを見つけることにお金を使ってみてほしいなと思います。

7

「グレーな経費」で節税できる？

「本当にこれ、経費にしていいの？」と悩ましいグレーな経費を「経費」にするとどうなるのかをここでは紹介したいと思います。経費の判断は、

❶何の迷いもなく経費と言えるもの
❷経費かどうか悩む微妙なもの（グレーな経費）
❸完全にアウトな経費（そもそも経費でない）

の3つに分かれます。③は当然経費にしてはダメですが、②で迷ったとき。「自分では経費と思うけど、本当に経費でいいかには一抹の不安がある。でも、経費から外すと税金が増えてしまい損した気分になる。だから、経費に入れておこう！」と経費にした場合、

どんな問題が発生するのかを見ていきましょう。

▽グレーな経費と思っていたけど、本当は経費でOKな場合

これは自分では判断がつかないけど、税理士や税務署が見たらセーフな経費のことです。本来はセーフな経費なので、経費にしても何の問題も起こりません。

▽専門家から見てもグレーな経費

経費の中には、我々専門家の税理士が見ても、「うぅん……これは経費なのか？」と悩むものもあります。

税金のルールは税法という税金の法律の中で書かれていますが、法律を読んでもわからない時があります。もう少し正確に言えば「人によって解釈が異なる」という場合ですね。

このような経費を「経費」としていた場合、問題になるのは税務署が来た場合です。税務署が来た時に、自分が「経費だ！」と思った理由・根拠を税務署に説明します。この時、自分が「経費だ！」と思ったのなら経費にしていてOKです。堂々と経費と思った理由を説明しましょう。

結果、税務署が「そうだね、これは経費だよね！」と同意してくれれば何も問題はあり

ません。しかし、「いやいや、これは経費じゃないよ！」と言われてしまう場合も当然できます。

むしろ、税務署は厳しめに「経費かどうか」を判断してきますので、「経費じゃないよ！」と言われるケースもままあります。ただ、これは「経費かどうか」の判断を間違えただけであり、「脱税」ではありません。

この経費の判断ミスで税務署に怒られることもありません。粛々と間違っていた分だけ確定申告を修正し、追加の税金を払えばいいのです。

ここで覚えておいてほしいことは、グレーな経費（100％経費とまで判断はつかないけれど、自分としては経費と思っている理由・根拠もある。でも、ちょっと自信がない経費）は、経費にした結果、税務調査で間違いだった（経費じゃない）とわかったとしても、それは脱税でも何でもなくただの判断ミスであるということです。

ですので、税金のルールを勉強したうえで、経費と主張できる根拠が自分の中にあるのなら、グレーな経費でも「経費」に入れておきましょう。

経費の計上を「1つでも間違いがあってはいけない！」と必要以上に厳しく判断し、グレーな経費は全て除外して確定申告をすれば税務署に文句を言われることもないですが、グレーな経費も経費にしている人と比べると大きく損をしてしまいます。

税務調査で怒られるのが怖いから、と必要以上に恐れる必要はありません。税務調査が来たら、「グレーな経費が経費でＯＫだったか確認するチャンスが来た」くらいの気持ちで対応すればいいと思います。

本項では必要以上に税務調査を恐れている方がたまにいるので、グレーな経費に対する考え方を紹介させていただきました。

また、本当に悩んだ時は無料でグレーな経費が経費になるのか相談する方法もＰ１７２で紹介しているので、併せて読んでみてください。

8 家族に仕事を手伝ってもらい給与を払っても「経費」

フリーランスで家族に仕事を手伝ってもらっている人は、家族に対して給与を払い、その給料を経費として計上することができます。

ただし、家族間での給料の支払いは全て経費として認められるわけではなく、一定の要件を満たしたときにはじめて特例的に給与として認められる形になっています。

本項では、家族に仕事を手伝ってもらいながら、その給与を人件費として計上し、節税する方法をお伝えしていきますね。

▽ 同居家族への給与の経費計上ルール

家族に払った給与のうち、どれだけが経費として認められるかは、青色申告か白色申告かによって大きく異なります。

●青色申告の場合

一定の要件を満たせば、同居家族に支払った給与を全て経費に計上できる。

●白色申告の場合

同居家族の給与を経費に計上することができるが、上限がある（配偶者は86万円、その他の親族の場合は50万円まで）。

このように、青色申告であれば給与を全て経費に計上でき、大きな節税ができます。ただし、この制度を使うためには一定の要件があるので注意が必要です。

▽青色申告を使って、給与を丸ごと経費にする方法

確定申告を青色申告で行う人は、同居家族に支払った給与を全て経費とすることができます。

この制度を「青色事業専従者給与」と呼びます。

青色事業専従者給与の制度を使うためには、青色申告をしているだけではなく、確定申

告の前に「青色事業専従者給与に関する届出書」という書類を提出しなければいけません。これを忘れると、家族に支払った給与は経費として認めてもらえないので気をつけてください。

また、「青色事業専従者給与」が認められるには、あなたの仕事を手伝ってくれる家族なら誰でもいいわけではなく、以下の3つの条件があります。

❶あなたと同居していて、生計を共にしていること

「生計を共にしている」とは、あなたや一緒に住んでいる家族が稼いだお金で一緒に生活をしている、という意味です。例えば、子どもと同居していて子どもの生活費などもあなたが払っていて子どもに仕事を手伝ってもらっている場合が該当します。

❷その年の12月31日の時点で15歳以上になっていること

いくらなんでも幼稚園児や小学生に仕事を手伝わせた結果お小遣いをあげて、それを経費として計上するなんていうのは無茶すぎるということですね（そもそも中学生以下の児童を労働させることは労働基準法で原則禁止とされています）。

❸少なくとも1年のうち半年以上は、あなたの仕事だけをしていること

他に本業があったり、パートでバリバリ働いている奥さんに給与を払っても、その給与を経費として計上することはできないので注意が必要です。逆に言えば、パートをしていてもパートの時間以上にあなたの仕事を手伝っていれば経費として計上できるということです。

同様に、夏休みだけ高校生の子どもに仕事を手伝ってもらったり、繁忙期だけ奥さんに仕事を手伝ってもらっているような場合も、給与を経費として計上することができないので気をつけましょう。……と、いくつかルールはあるものの、一緒に暮らす家族に給料を払って節税ができてしまうなんて、大きなメリットを感じませんか？

ただしちょっと注意が必要なのは、「給与」として家族にお金を払えばそれが全てそのまま経費として認められるわけではなく、一般的な労働者としての相場や事業の収益などに見合った額でなければなりません。

実際にあった事例ですが、アパート経営（不動産賃貸業）をされている方が奥さんにアパートの周りの草むしりや掃除を週1で依頼していました。そして、毎月20万円の給料

（年間240万円）を払っていたところ、税務調査で「金額が多すぎる！」と指摘され、経費ではないと認定されてしまったことがあります。単純作業で月に4日働いて月給20万円は多いと誰でも思う水準だったからです。

給与を払う場合は、仕事の内容や、仕事を手伝ってくれる家族のスキル、その業界での給与の平均値などをきちんと考慮し、適正な額になるようにしましょう。

▽白色申告で家族への給与を経費に計上する方法

白色申告の場合、仕事を手伝ってくれる家族が配偶者なら最大86万円まで、それ以外なら一人当たり最大50万円（この控除をする前の事業所得等の金額を専従者の数に1を足した数で割った金額）まで控除を受けることが可能です。

白色申告の場合は、事前の届出は不要ですが、給与を経費として計上するためには青色申告と同様、以下の3つの条件を満たす必要があります。

❶あなたと同居していて、生計を共にしていること
❷その年の12月31日の時点で15歳以上になっていること
❸少なくとも1年のうち半年以上は、あなたの仕事だけをしていること

また、青色申告と同様に費用が正当かどうかは税務署のチェック対象になります。86万円や50万円の控除を受けるには、それ相応の仕事を発注していることが大前提となるので注意してくださいね。

▽給与を家族に支払って節税しよう！

このように、青色申告と白色申告でそれぞれに条件はありますが、家族への給与を経費として計上できるようになれば、お金が外に流出するのを避けつつ節税ができるので、ぜひトライしてみてください。

とりわけ、青色事業者専従者給与を使いこなすことができれば、課税金額を大きく引き下げることができるので、所得税や住民税、国民健康保険料の節税につながります。

家で手が空いている家族がいたら、「きちんと給料を支払うから、仕事を手伝ってくれない？」と声をかけて一緒に事業を成長させていくのも良いかもしれませんね。

9

税金のルールを利用して減価償却費を増やす方法

次に、高価な資産、つまりパソコンや車を使った節税方法に焦点を当てたいと思います。

まず、大前提として、あなたが買ったパソコンや車も、仕事で必要なものであれば「経費」に計上することができます。最新のパソコンや憧れのメーカーの車を買って、経費に計上できるなんて最高ですよね。

ただし、ここで大事なポイントが1つ。

高価な資産の場合、消耗品や飲食と違い、通常は一度に全額を経費にすることはできません。この税法上のルールを「減価償却」といいます。

フリーランスや個人事業主の場合、高価な資産は原則、減価償却が義務付けられているため、超高スペックのパソコンを購入して手元の現金が一気に減っているような場合でも、経費は何年かに分けて計上することになるので、節税効果が出るのがあとになってしまうことになります。

そこで本項では、この「減価償却」のルールを理解した上で、一度に経費にできる金額を増やす方法をお伝えしていきます。

▽減価償却とは？

まずは、減価償却とは何かを確認していきましょう。

減価償却とは、「1年以上にわたって使用する10万円以上の資産」を何年かに分けて経費にする方法です。

例えば、車やパソコン、家電などがその対象ですね。減価償却の対象となる商品については、何年かけて経費に計上していくのかがそれぞれ定められています。例えば、車の場合は6年、パソコンの場合は4年かけて経費に計上するようにと定められています。

このルールに則ると、例えば、300万円の新車を購入した場合、6年間でそのコストを経費に振り分けることになるので、購入年に経費に計上することができるのは、

300万円÷6年＝50万円／年

となります。このように、減価償却の基本ルールに従うと、お金を大きく使ったときにも全額を一気に経費にすることができないため、毎年少しずつしか経費にならず、節税効果が下がってしまいます。

▽定額法と定率法

毎年一定額を経費として計上する方法を「定額法」と呼びます。定額法を使った場合、300万円で買った新車を経費に計上する場合は、

1年目　50万円
2年目　50万円
3年目　50万円
4年目　50万円
5年目　50万円
6年目　50万円

と毎年決まった一定の額を計上していくことになります。

これに対して、買った初年度に経費を大きく計上し、初年度に節税効果を大きくする計算方法があります。これを「定率法」と呼びます。

定率法は、初年度に大きな経費を作ることができる償却方法です。定額法が毎年一定の額を償却するのに対し、定率法は毎年一定の率で償却します。

定率法を使うと300万円の車を購入した場合も、1年目に99万円、2年目には66万円と、最初の年に多くの経費を計上することができます。これは、起業したばかりの方やキャッシュフローに余裕がないフリーランスの方に特におすすめです。

実際の細かい計算方法は覚える必要はありません。会計ソフトに金額・耐用年数などの必要情報を入力すると自動で計算してくれます。まじめに解説し始めると眠くなってしまうほど難しいので、ここでは詳細な計算は割愛します。「定率法のほうが早く経費にできるんだ！」ということをここでは頭に入れておいてください。

なお、定率法を利用したい場合は、その年分の確定申告期限までに「所得税の減価償却資産の償却方法の届出書」という書類を提出する必要があります。

この提出がない場合は、定額法で処理していくことになりますので、「取得した年の減価償却費を大きくしたい！」という場合は、届出を必ず出すようにしてください。

そして、定率法を利用できる資産は制限がかけられています。

個人事業主の場合、1年以上利用する10万円以上の固定資産のうち、機械設備、車両運搬具、工具・器具・備品に対して定率法が利用できます。建物、建物附属設備、構築物、ソフトウェアは定額法しか認められていません。

▽特例を利用して1年で全額償却する方法

このように、パソコンや車など1年以上にわたって使う10万円以上の商品は、原則は減価償却の対象となりますが、特例を利用することで償却期間を短くすることもできます。

❶20万円未満の資産の場合

取得金額が20万円未満の資産の場合は、法定の耐用年数にかかわらず3年間で減価償却を行うことができます。これは、❷で解説する制度とは違い、白色申告の人でも使うことができる制度となります。

❷30万円未満の資産の場合

取得金額が30万円未満の資産の場合は、一定の要件を満たすと全額をその年に経費計上することができます。ただし、この制度を使えるのは青色申告を選択している人のみ。白色申告の人は使うことができないので気をつけてください。

また、この制度を使うことができるのは年間300万円までになっています。この額を超えた部分は、原則通り減価償却をすることになるので気をつけてください。

▽特例を使って減価償却した際の注意点

青色申告者には、取得価額が30万円未満で、適用を受ける事業年度における取得価額の合計が300万円未満であれば、少額減価償却資産として取り扱う、という優遇規定があるのですが、これを活用する場合には、青色申告書の「減価償却の計算」欄に、

- **少額減価償却資産の取得価額の合計額**
- **少額減価償却資産について、租税特別措置法28条の2を適用する旨**
- **少額減価償却資産について、取得価額の明細を別途保管している旨**

を記載しなくてはならないとされています。

少額減価償却資産の特例を適用するためには、取得原価に関する明細書を添付して申告をする必要があります。ただし、青色申告決算を行っている個人の場合には、「減価償却

原価に関する明細書の記載例

○減価償却費の計算

（令和二年分以降用）

減価償却資産の名称等（繰延資産を含む）	面積又は数量	取得年月	㋑ 取得価額（償却保証額）	㋺ 償却の基礎になる金額	償却方法	耐用年数	㋩ 償却率又は改定償却率	㋥ 本年中の償却期間	㋭ 本年分の普通償却費（㋺×㋩×㋥）	㋬ 割増（特別）償却費	㋣ 本年分の償却費合計（㋭＋㋬）	㋠ 事業専用割合	㋷ 本年分の必要経費算入額（㋣×㋠）	㋦ 未償却残高（期末残高）	摘要
木造建物（店舗分）	43㎡	H13・7	6,000,000円 （ ）	5,400,000円	旧定額	22年	0.046	12/12月	248,400円	—円	248,400円	100%	248,400円	1,156,200円	
〃 シャッター分		R2・9	600,000 （ ）	600,000	定額	22	0.046	4/12	9,200	—	9,200	100	9,200	590,800	
照明設備	1台	H14・1	800,000 （ ）	40,000	—	—	—	12/12	8,000	—	8,000	100	8,000	16,000	均等償却
耐火キャビネット	1台	H19・3	700,000 （ ）	98,228	旧定率	15	0.142	12/12	12,949	—	12,949	100	12,949	84,279	
レジスター	1台	R2・7	390,000 （42,120）	390,000	定率	5	0.400	6/12	78,000	—	78,000	100	78,000	312,000	
アーケード負担金		H30・1	250,000 （ ）	250,000	—	5	0.200	12/12	50,000	—	50,000	100	50,000	100,000	
一括償却資産	—	R2・	180,000 （ ）	180,000	—	—	1/3	—/12	60,000	—	60,000	100	60,000	120,000	
冷蔵庫他	—	R2・	合計980,000 （ ）	（明細は別途保管）	—	—	—	—/12	—	—	—	—	980,000	—	措法28の2
		・	（ ）					/12							
		・	（ ）					/12							
		・	（ ）					/12							
計									467,549	—	467,549		1,447,549	2,379,279	

（注） 平成19年4月1日以後に取得した減価償却資産について定率法を採用する場合にのみ㋑欄のカッコ内に償却保証額を記入します。

国税庁「青色申告決算書（一般用）の書き方」から引用し作成

の計算」欄にこの制度を適用していることなどを記載することにより、明細書の添付に代えることができます。具体的には、対象資産の行を1行作り、次のように記載する方法が考えられます。

❶取得原価欄に合計金額、償却の基礎になる金額に明細を別途保管している旨

❷摘要欄に「租税特別措置法28条の2（租法28条の2）」と記載する

なお、年度の途中で取得した資産の減価償却費は、1年分を計上するのではなく月割りで計算します。

例えば、新しいパソコンを購入し6月から使用した場合、減価償却費は6月から12

月までで計算、つまり7ヶ月分のみを計上しなければなりません。実際に使用した期間を月単位で反映して計算しなければならないのです。

また、月の途中に取得したことで1ヶ月未満の月がある場合は1月に切り上げて計算する形となります。

このように、減価償却の制度は基本ルールを理解し、特例を知っているかいないかで節税効果に大きな差が出ます。ルールを知って使いこなして、節税マスターになりましょう！

10

青色申告を利用して経費を増やす方法

青色申告を選択すると、白色申告に比べて、節税のために使える制度が格段に増えます。これまでも青色申告でしか使えない制度はいくつか紹介してきましたが、青色申告には具体的にどのようなメリットがあるのか、改めて見ていきましょう。

▽特別控除の額

青色申告を選ぶと、特別控除として最大65万円を税金の対象となる利益から差し引くことができます。これにより、税金の対象となる所得が白色申告と比べて単純に65万円減少し、結果的に支払う税金も少なくなります。

▽「控除」ってどういうこと？

ここで、節税のキーとなる「控除」について改めて確認しておきましょう。

控除とは、税金の計算をする前に一定の金額を引いておき、残った金額に対して課税を行うことを指します。控除があると、その分税金の対象となる金額が減るため、所得税を減らすことにつながります。

控除には様々なものがありますが、青色申告の特別控除65万円はなかでも特に強力なものの1つなので、積極的に活用することをおすすめします。

この他にも、次のようなメリットがあります。

❶赤字の繰り越し

青色申告では赤字の繰り越しが可能です。もし、ある年度で赤字が出てしまった場合、その赤字分を次年度以降の所得と相殺に充当し、税負担を軽減することができます。

❷家族への給与の経費化

前述ですが、あなたの同居家族がお仕事を手伝ってくれている場合、その家族への給与も経費として計上することができます。白色申告の場合は経費にできる給与の額に上限がありましたが（配偶者86万円、その他の親族50万円）青色申告の場合は、この上限がなくなり、これにより、家族に仕事を手伝ってもらってお給料を支払い、経費を増やすことで節税することができます。

❸特例の適用

さらに、青色申告では、減価償却の際に特例を利用して30万円未満の資産を全額1年で償却できるなど、特別なルールが利用可能になります。この制度を活用することで、経費の額をコントロールし税金の額を調整できます。

こういったメリットを見ると、「青色申告一択！」と思う人がほとんどだと思います。とはいえ、1つ注意が必要です。青色申告を選ぶには、税務署への届出と適切な帳簿の維持が必須となるのです。青色申告の節税メリットは大きいですが、届出や帳簿作成にかかる労力もしっかり考慮する必要があります。青色申告に挑戦する価値は十分にありますが、1年目、会計ソフトの操作や確定申告書の作成に慣れるまではちょっと大変です。

最近では便利な会計ソフトが豊富で、税務署でも無料の相談が可能です。こういったものをうまく利用しながら、会計処理にかかる時間を最小限に抑えつつ、ビジネスの拡大に集中することができると最高ですね！

2章

こうしてバレる！
「やってはいけない」アウトな経費ベスト10

「セーフ」と「アウト」の線引きをしっかりと理解する

さて、仕事をするうえで、何が経費として認められて何が認められないのか、ここまで基本的なルールはご理解いただけたかと思います。

そこでここからは、「こんな経費を計上すると、税務署から目をつけられてしまう」というアウトな経費の例を紹介していきます。

節税をするのは素晴らしいことですが、プライベートのものまで経費にしてしまったり、領収書やレシートなどの証拠がないものをどんどん経費にするのは、もはや節税ではなく「脱税」とみなされてしまいます。

ちなみに、脱税行為はペナルティとして重加算税が課されることになります。ここで内容が悪質だと判断されてしまうと、脱税犯として5年以下の懲役あるいは罰金（または懲役刑と罰金の両方）が科されることもあり、決して「ちょっとぐらい脱税したからって……」と侮ってはいけません。

本章では、私のこれまでの税理士としての経験をもとに、税務署から修正を求められたり、調査官が自宅まで調査に来たような事例を具体的にご紹介します。中には、「本当にそんなことしちゃっていたの？」という方の驚きの事例まで紹介していきます。

積極的に経費を活用して節税につなげていくためにも、セーフとアウトの境界線をこの章でしっかりマスターしてください。

では、順に見ていきましょう。

1

スーツや洋服を経費に計上

私は税理士をしていますが、普段は社員の管理（マネジメント）の仕事をしているので（お客様対応はスタッフに任せています）、事務所へ行くときも夏はTシャツにジーンズ、冬はコート・ジャケットにジーンズというようなラフな恰好です。毎日私服で、スーツを着るのは年に数回。フリーランスの方に近い服装かもしれません。

そんな私は事務所に着ていくTシャツやジャケット、ジーンズは経費にしていません。接待の時や新聞の取材、TV出演するときに着用する目的で購入した「勝負服」だけを経費にしています。本当はもっとTシャツやジャケット、ジーンズも経費にしたいのですが、我慢しています。では、なぜこのような対応をしているのかを解説していきます。

スーツや洋服は、本当に経費にしにくいものです。特に私が職場に着ていくTシャツ。

プライベートでも仕事でも使える、家事関連費と個人的には思っています。そして、家事関連費を経費にする要件は、

❶業務遂行上、必要であること
❷業務遂行上必要な部分を明確に区分できること

この2つを満たす場合のみ仕事に必要な割合分だけ経費にでき、明確に区分できない場合は業務上必要であっても1円たりとも経費にできないというルールになっています。

このため、Tシャツなどの服は経費にしていません。どこまで仕事で着ていて、どこからプライベートで着ているか曖昧だからです。

と言いつつ、本当は1日5時間以上働いているので「起きている時間18時間のうち、5時間は利用している！」ということでこの割合で経費にしたいとは思っています。でも、経費にしていません。

本当は、「個人事業主が仕事に使う車も家事関連費として使った時間で按分できる。これとTシャツも同じじゃないか！」と思っていますが、諦めています。

服やスーツが経費になりにくいことに関連するのですが、過去に京都大学の教授がスー

ツを経費にした結果、税務調査で「ダメ！」と言われ裁判にまで発展した事例があります。

そして裁判の結果、「スーツは経費ではない！」と判決が下っています。

その判決の中で「被服費は、一般的に個人的な家事消費たる家事費（プライベートなもの）に属すると解するのが相当である」と示されています。私服を仕事で使っていても、家事費（プライベートなもの、そもそも家事関連費ではない）だから経費にならない！というわけです。


そんなわけで仕事でも使っている私服は経費にしていませんが、勝負スーツは経費にしています。最悪、税務調査で「ダメ！」と言われることは覚悟しつつ経費にしています。

なぜかというと、これも裁判の中で示された見解ですが、

「専ら、または、主に家庭において着用するのではなく、これを除き、その地位、職種に応じ、勤務ないし職務上一定の種類、品質、数量以上の被服を必要とする場合には、その被服費の支出は勤務についても関するものとして、家事費ではなく、家事関連費であると解するのが相当である」

「被服費の支出も、勤務上必要とした部分を、他の部分と明瞭に区分することができる

ときは、当該部分の支出は必要経費になると認める余地がある」

とあるからです。ざっくり要約すると「職業によっては、スーツでも明確に仕事とプライベートを分けることができれば経費にできるよ！」ということです。スーツが認められそうな職業としては、弁護士や税理士、営業マンなどスーツを着ているのが当たり前の職業の方達です。弁護士がTシャツで出てきたら「こいつ大丈夫か？」と、仕事を依頼する気にならないですよね。

私は勝負スーツ1着だけ「経費」にしていますが、職業が税理士であることや、接待・新聞取材・TV出演目的でのみ利用しており、このスーツは常に職場で保管し、スタッフもそれを見ています。調査官の方に「プライベートで着てないことを証明できるのですか？」と言われたら、スタッフに「ボスはスーツをいつも事務所に置いていて、プライベートで着てませんよ！」と証言してもらおうと思っています。

このように、服が一般的に経費にならない理由を把握したうえで、それを覆す「経費になる」という主張を作って経費にするのは我々納税者の自由だと思っています。

その主張が正しいかどうかは税務調査の際に答え合わせをすればいいのです。

2

パソコン仕事の疲労回復でマッサージを経費計上

仕事に必須のアイテムと言えばパソコン。1日に何時間もパソコンを使っていると肩こりや腰痛がひどくなりますよね。

そうなると、作業の効率も落ちてしまいます。それで、この腰痛を解消しようとマッサージに行く方も多いと思います。

そのとき、きっと誰しも脳裏に「あれ、これってもしかして『経費』になるんじゃないか?」「いや、経費にしたい!」「というか、経費じゃないなんておかしい!」と思うのではないでしょうか。

この整体マッサージの費用は、そもそもパソコンを使わなければ（つまりは仕事をしなければ）発生しなかったものですからね。

そして、マッサージの結果、体がすっきりすれば、その後の仕事の効率もアップします。

そうであれば必要経費、というか当然「経費」でしょうと思うのは当たり前のことかもしれません。

私は税理士ですが、私も「経費でしょ！」と思っています（笑）　ただし、「経費」にはしていません……

本当に残念なことに、基本的にマッサージ代は経費にできません。経費のルールに戻って考えてみましょう。

もし、マッサージも経費でＯＫとしてしまうと、「仕事でいつも以上に疲れたし、いつも以上にお腹が減ったたから今日のご飯は『経費』だ！」とか「パソコン仕事でひどく体が疲れたから、深く眠れるように高級ベッドを買った。これも『経費』だ！」と経費にできるものの範囲が際限なく広がってしまいます。

そうなると、「経費」の境界が曖昧になってしまったり、ひどく主観的になり、なんでも経費にできるという状態になってしまいます。だからどこかで「経費の許容範囲」に線引きをしないといけなくなります。そして、残念ながら現状では「マッサージ代」は経費に入れることができなくなっているのです。

この「マッサージ費用」は本当にギリギリのラインにある、残念ながら経費にならないお金の代表格だよなぁ、と個人的には常々感じています。

ただし、例外的に一部経費として認められることもあります。マッサージや整体の費用が経費として認められるパターンを3つ紹介しておきます。

❶自分が整体師やエステティシャンの場合

自分が整体師で、技術を向上させるために整体を受けるとか、エステティシャンとしてライバル研究をするために他店のエステを受ける場合は、経費に計上する余地が出てきます。これは、1章で紹介した、「調査費や研究費・研修費として計上できるパターン」ですね。

ただし、1章でお話しした通り、本当に事業として取り組んでいて、実際にきちんとそこで学びを得た証拠が出せることが大事です。

ただリラックスのために受けたのでは、どんな職業の人でも経費にはできないので注意しましょう。

❷プロスポーツ選手が受ける整体

もしもあなたがプロのスポーツ選手で、パフォーマンス向上のためにマッサージを受ける場合は、これが「直接的な仕事のための費用」になるので、経費として認められます。なんといってもスポーツ選手は体が資本ですから、体のためになる＝仕事のためになる、ということですね。

❸専門資格を持った施術者から、治療目的でマッサージをしてもらった場合

マッサージ費用を「経費」ではなく「医療費控除」として申請する方法があります。「経費」にはなりませんが、同じく節税効果のある医療費控除にすることができるので、ここで紹介しておきましょう。

「腕が腱鞘炎になってしまって、もう一文字も書けない」
「腰が痛すぎて、椅子に座るのも難しい」

こんなケースの場合、マッサージ代が医療費控除の対象となります。さらに、

・治療のためのマッサージであること
・はり師や鍼灸師、柔道整復師などの専門資格を持った人から施術を受けていること

この2つの条件を満たす場合は、マッサージが医療費として認められるため、控除の対象となりマッサージを受けて節税することができます。

3

家で使う日用品を消耗品費・雑費で計上

フリーランスの方は自宅をプライベート兼仕事の場として使っている方が多いですよね。このときに、仕事場としている部屋で使うティッシュやコピー用紙などの日用品は、「消耗品費」として経費に計上することができます。

というと、「じゃあついでに家で使う日用品も一緒に買って、消耗品として経費計上しちゃおうかな」「税金高いし、どうせバレないのでは……」と考える人が中にはいます。

確かに皆さんの住まいにもきっと常備されているティッシュ、タオル、スポンジ、ラップ……これらをビジネスの経費として計上できたらとても得した気分になりますよね。

でも、ちょっと待ってください。日用品を経費にする際も、仕事用とプライベートのものはしっかりと区別することが大切になってくるのです。

では、どういったルールでティッシュやトイレットペーパーを消耗品費として「経費」

に計上できるのでしょうか。

▽「消耗品費」のルール

重要なのは、そのアイテムがビジネスに直結しているかどうか。

例えば、仕事でお客様をお迎えしたときのために卓上に置いておくティッシュや事務所の清掃に使うスポンジなどは、ビジネスに直結するとみなされ、経費として認められます。

しかし、家庭用としての使用の場合は、当然ながら経費とは認められません。

また、経費を計上する際には、仕事で使った分とプライベートで使った分をそれぞれしっかり分けて、仕事で使ったものだけを経費として計上するようにしましょう。

例えば、5箱セットのティッシュを300円で買って、3箱は自宅のリビングで、2箱は仕事部屋で使ったとします。この場合は、

300円÷5箱×2箱＝120円

と、120円だけが経費として認められることとなります。

「そんなのいちいち区別するのは面倒だよ」と思う方もいるかもしれませんが、自宅をオ

フィスにしているフリーランスが経費を計上するときは、「仕事で使ったものとプライベートで使ったものをしっかり分ける」というのが大原則になっています。プライベートと仕事の線引きはしっかりとしておきましょう。

また、消耗品を経費として計上するには、

❶購入金額が10万円未満であること
❷使用可能期間が1年未満であること

が条件となってきます。「10万円以上の消耗品」なんて日常生活の中ではなかなかイメージがしづらいかもしれませんが、例えばパソコンのキーボードやマウスなど電子機器では該当するものもあるかと思います。ちなみに、10万円以上の消耗品を購入した場合、基本的には固定資産に計上し減価償却の対象となります。

▽「お品代」としてもらった領収書はセーフ？

ここまでお話しすると、次に「レシートではなく領収書にまとめてもらって、『お品代』

にしてもらえば良いじゃん！　経費の中身がわからなくなって、バレなくなる！」と安易に考える方も現れます。

これは、一見グッドアイデア賞をもらえそうな案ですが、残念ながら税務署が本気になったらすぐにバレてしまいます。

税務署はあなたの申告内容に疑いをもったらあなたの領収書を手に、その領収書を発行した店舗に直行し、お店の人にその領収書の詳細を確認することがあるのです。「この領収書の中身、具体的に何ですか？」と問われた場合、実際にはオフィスで使う消耗品だけでなく、プライベートで使うものも一緒に買っていたことがバレてしまうと、もう逃げ場はありません。

というわけで、基本的に家でプライベート用に使う消耗品を経費計上するのはアウト。オフィス使用と家使用のものは事前にきっちり分けておきましょう。

4

レシート・領収書を捨ててしまった経費

さて、次はレシートに関してよくある質問に答えていきます。

「あれ？　レシートどこいっちゃった？」「クレジットカードの明細だけで大丈夫？」「あっ、1枚のレシートにプライベートのアイテムも混ざっちゃっているけど、まあいっか」などなど。皆さん、一度はこんな疑問を抱えたことがあるのではないでしょうか。さあ、これらの疑問に答えていきましょう。

▽レシートがなくなったらどうしたらいい？

「あれ、もらったはずのレシートがない！」という状況、誰もが経験すると思います。また、レシートが日焼けして文字や数字が見えなくなってしまっていたり。こういうとき、どうしたらいいと思いますか？

まずは、とにかくレシートを探すのが最優先です。家中ひっくり返して家族に怒られてもやむを得ません。とにかくありとあらゆるところを探しましょう。そこまでやっても出てこなかったら……出金伝票を書く、Ｅｘｃｅｌに記録するなどの対応が必要です。

ちなみに、領収書やレシートの保存義務は、青色申告の場合原則7年、白色申告の場合は5年と所得税法で定められています。この期間はしっかりと保存をすることを求められますので、きちんと管理するようにしておきましょう。領収書やレシートがない経費は、税務調査の場面では「経費を使った証拠が確認できないので、経費として認められません！　追加で税金を払ってください！」と言われてしまいます。

▽出金伝票って何？

ここで、「出金伝票」について説明しておきます。出金伝票は、主に現金での取引内容を記録するための伝票です。仕事をするうえで、現金取引がメインで領収書も発行されないような取引っていくつかありますよね。例えば、

- 電車やバスの交通費
- 取引先の冠婚葬祭の慶弔費

・自動販売機で物を購入したとき

こういった場合に、レシートや領収書の代わりとなって経費を使ったことを証明してくれるのが出金伝票です。出金伝票は100円ショップやAmazonなどで簡単に購入できます。

出金伝票を作成する際には、次のページのような伝票に、「**①日付　②支払い先　③勘定科目　④摘要（何を購入したか）⑤金額**」をそれぞれ記載します。ただし、出金伝票の証拠能力はレシートや領収書に比べると弱いです。高額のものを購入したのに出金伝票しかなかったり、出金伝票をあまりに多用していると、「架空経費で経費を水増ししているのでは？」と疑われてしまいます。申告の信頼性を高めるためにも、出金伝票の利用は最低限にして、レシートや領収書をきちんともらうようにしましょう。

▽レシートの代わりにクレジットカードの明細でいいの？

レシートはもらってないけど、クレジットカードのWeb明細があるし、なんとかなるだろう。そんなふうに思っている人も多いのではないでしょうか？　確かにそういう面もあるのですが、ここも注意が必要です。

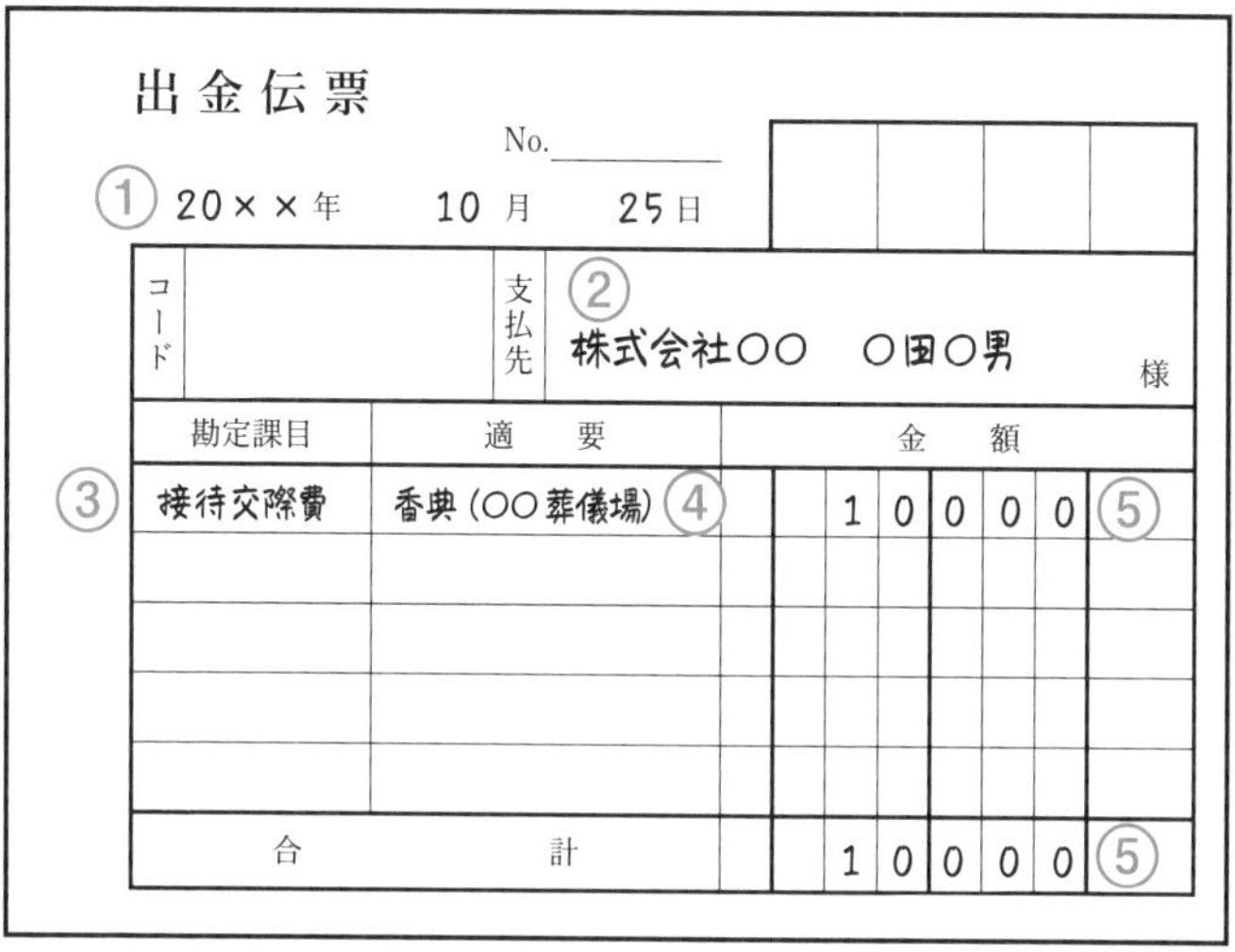
出金伝票

No.

① 20××年　10月　25日

コード		支払先	② 株式会社〇〇　〇田〇男　様

勘定課目	適要	金額
③ 接待交際費	香典（〇〇葬儀場）④	10000 ⑤
合計		10000 ⑤

なぜなら、クレジットカードの明細というのは、大抵「店名」しか記載がなくて、肝心の「何を買ったか」がわからないことが多いためです。

「6月1日　永江書店　11000円」だけではその内容がビジネス書なのか、最新のコミックを買い漁った結果なのかがわからない。当然、「経費」として計上するための証拠能力も弱くなってしまいます。

税務署というのは、あなたが思っている以上にものすごく厳しい目でチェックしてくるものです。ですから、**クレジットカードで買い物をしてもレシートは必ずもらうようにしましょう。**

また、あなたが消費税の納税義務者となり、原則ルールで納税することになった場合。売上が1320万円（消費税120万円）、使った経費が550万円（消費税50万円）だった場合。納税する消費税は120万円－50万円＝70万円となります。

しかし、経費の証拠としてクレジットカードの明細しか残っていなかった場合、経費の支払い時に払っていた消費税50万円が払った消費税として認めてもらえず、120万円まるまる全額の消費税を払うことになります。ですので、クレジットカードの明細だけではダメと思っておいて、いつもレシートや領収書をもらう癖をつけておきましょう。

いずれにしろ、「どこで何を買ったか」が明確でない書類は経費を支払った証拠としては不十分だということを押さえておいてください。

面倒ですが、基本的にはレシートをもらうようにしましょう。

▽プライベートとビジネス用途が入り混じったレシートはどうすればいいの？

それから、プライベートのアイテムとビジネス用途が混ざってしまったレシート。これ、どうすればいいのでしょうか？

これは、このままでも証拠として使うことはできます。ただし、経費として認められる部分だけをきちんと計上するために、プライベートの部分はきちんと除外する必要が生じます。

というと、「そんなの一緒になっていたらわからないでしょ……」と思う人もいるかもしれませんが、意外とこういうのがバレやすいのです。

だって、オフィスで使うトイレットペーパーやティッシュの量なんて、たかが知れていますから。それを何箱も買い溜めているようなら「あ、プライベートで使うものも一緒に買い溜めしているな」と思われても仕方ないですよね。


と、こんなふうにレシートというのはあなたが思っている以上に大事な役割を持っているのですが、多くの方がこれらのポイントをしっかりと理解していないのが現実です。

過去、税務調査をサポートした方の中には、「白色申告だからレシートや領収書は保管しなくていい、捨ててOKと思っていました！」という方がいました。

その時の調査官の方は優しい方だったので、「だいたいこのくらいの経費は使っていたでしょう?」という経費を認めてくれましたが、証拠がなく「保管義務を怠っていたあなたが悪い！」と言われてしまえば、経費は0円と言われても文句は言えなくなってしまいます。

5

「交際費」で1000万円以上使ってしまった場合

さて次に、税務調査でもチェックされやすい「交際費」について解説していきます。

個人事業主の場合、交際費に上限は設けられていません。本当に使った交際費なら、いくらでも経費にすることができます。

建設業で個人事業主として確定申告をしていたKさん。年間1000万円の交際費を使っていました。申告書はこんな感じです。

売上：2000万円　交際費：1000万円、他経費：600万円、利益：400万円

「交際費が多い！」「どれだけ飲んでいるの⁉」と思った方が多いのではないでしょうか。

でも、嘘ではなく、本当にこういう確定申告をしている方が時々いらっしゃいます。年に

1000万円以上の交際費を使う豪傑、税務署も皆さんと全く同じことを思います。「交際費多すぎでしょ⁉　本当にそんなに使っているのかチェックに行こう」と税務調査が来ました。

実際、売上や他経費のチェックは真面目に申告されていたのでサラッと終わりましたが、交際費については厳しく追及されました。税務署からは「交際費が多すぎます、Kさんと同じ地域で建設業の仕事をしている個人事業主の方達は、交際費はだいたい売上の10％くらいです。200万円までの交際費なら妥当ですが、1000万円は多すぎます！」と指摘されてしまいました。

さて、ここからが問題です。どうやって交際費を認めてもらうか？

Kさんは、起業して3年目で売上が2000万円、4年目には売上が5000万円まで増えていました。

なぜそんなに売上を増やすことができたのか話を聞いてみると、「将来は法人化して従業員も増やし、今は下請けの下請けの仕事しかできていないけど、元請けの仕事ができるようになろうと思っています。そのために、とにかく人脈を作ろうと思って土日も休まず、いろんな経営者と会ってお酒を飲みながら（奢りながら）、話を聞かせてもらっていました」ということで、客観的に「なるほど」と思う正当な理由がありました。

そこで「何か証拠として税務署へ示せるものはありませんか？」と聞いてみると、一緒に飲みに行った経営者の方達の名刺があります、と大量の名刺が出てきました。

そして、1年目や2年目には取引がなかった会社でも、3年目、4年目にはじめて取引が始まっている会社の担当者の名刺が見つかったのです。

そこから記憶や手帳のメモなどをもとに、「いつ・誰と飲みに行っていたか」を税務署へ説明することで当初よりは交際費を何百万円か多く認めてもらえました。


これでめでたしめでたし、としたいところでしたが、後日、少々残念なことが起きてしまったので、それについてもお教えしておきますね。

このKさん、大きな目標があり、仕事に邁進していましたが、杜撰なところがあり、手帳に「10月21日同窓会」と書かれた日にちのレシートまで交際費で計上していたり、1人で出かけた夜のお店の領収書も同じく「交際費」に入れてしまっていたりしていることが発覚したのです。

当然、これらはビジネスとは関係のないことですので、税務署からは「Kさんの申請した交際費の全てを交際費として認めることはできない」とされ、さらには、いくらかは経費の水増しを指摘され、追加で税金を払うことになってしまいました。

交際費もプライベートな飲食が混ざってしまいやすい経費です。ですので、しっかりと「誰と何の目的で利用したのか」をレシートや領収書の裏に記載しておくようにしましょう。

先の例のように、売上につなげるために必要な接待等であったことがしっかりと説明できれば、いくらでも経費になります。でも、そこを悪用してしまう人もいるので税務署も厳しくチェックしているわけです。

6

内容がわからないよう「領収書」で保管した経費

税金高いですよねぇ……近年の増税や、最近は電気代や食料品の値上げラッシュなどが家計を圧迫してきています。そんな時、ついつい魔が差してしまう「より多く経費計上して納税額を減らしたい！」という思い。ここでは、ついつい魔が差してしまいがちな経費の水増し例を紹介していきます。当然マネしてはダメなものですので反面教師として読み進めてください。

▽色々まとめて「消耗品」で領収書を切る

まず「消耗品」で領収書を切る際、オフィス用品と食品を一緒にしてしまう件について見ていきましょう。

スーパーでティッシュや洗剤に加えて、その日に食べるお刺身やお惣菜を一緒にお会計。

そして、店員さんに「領収書ください。品名は『消耗品』でお願いします」という人、一定数いますよね。

でも、そういう小細工は税務署もちゃんと知っています。そして、バレた瞬間、追徴課税（売上の申告漏れや無申告など本来納めるべき税額が正しく納付されていなかった場合に、その差額の徴収を受けること）を命じられる可能性も十分にあるのです。

また、消耗品ではないのですが、嘘の領収書がバレた事例があるので紹介したいと思います。

税務調査の際、調査官の方から百貨店の5万円くらいの領収書について、「これ何？」と聞かれたことがあります。「お品代」と領収書には書かれていて内容がわからなくなっていました。

最初、その社長は「スタッフのユニフォーム購入費」と答えていたのですが、後日、調査官がその百貨店に領収書を持ってヒアリングに行き、社長が自分の私服を買っていたことが見事にバレてしまいました。税務署には「領収書でもらえば細かいことはわからない」は通用しませんので、ご注意ください。

▽他の人の捨てた領収書を使う

１００円ショップやコンビニなどでレジの横にレシートを捨てる箱が置いてあることがありますよね。ここに捨てられているレシートを回収して「経費」として申請するのはアウトです。当たり前ですよね。でも、これを「経費」にしてしまっていた方がいました。これもとても危険な行為です。もし税務署が調査したら、すぐに不自然なパターンが見つかります。かつてガソリンスタンドで捨てられているレシートを経費にしている方がいましたが、1日に3回満タンって、そりゃ税務署じゃなくてもバレますよと思ったものです。

このように他人のレシートを悪用するのは節税ではなく、もはや「脱税」で、犯罪行為です。

これがバレたら当然税務署にも目をつけられ、過去の申告ももう一度洗いざらいチェックされる可能性もあるので絶対にやめてください。改めて、私は「節税」は大いに推奨しますが、「脱税」は絶対にダメですし、そういった行為を許すことはできません。

▽金券を買って消耗品を購入し、二重計上

さらに、金券を買って領収書をもらい、その金券で消耗品を購入するケースもあります。

そして、金券の購入と消耗品の購入の両方で「経費」を計上している人も見ますが、これも当然アウトです。こういう行為は法律違反になるので、絶対にやらないでください。

そもそも、勘違いしている人が多いのですが、原則として金券は買った時点では「経費」に計上することができません。

金券を経費計上できるのは、その金券を実際に使ったタイミングです。金券を購入のタイミングで経費計上できるのは、福利厚生として社員に配った場合など、かなり限定的な場面だけに絞られているのです。

さて、改めまして「節税」は大切ですが、あくまで正当な方法で適正に行うことが重要です。「どうせバレないでしょ……」や「他の人もやっているし……」というロジックはここでは一切通用しません。ダメなものはダメなのです。

「どうせ自分みたいな小さな個人事業主のところに税務調査なんて来ないでしょ?」と思っている方もいますが、実際に私でも「えぇ!? 調査来たの?」と思ったケースで、年間売上が290万円の申告をされていた方のところに税務調査が来た、ということもありました。

税務調査の対象は必ずしも事業規模の大小や売上額の多寡だけで決まるものではありません。

7

友達からレシート・領収書をもらった経費

「友達からレシート・領収書をもらって自分の経費として処理」、もう当たり前ですが、これも経費になりません。でも時々、経費に入れてしまっている人がいるのです。

すごく友達思いな人がいて、飲み会の会計の後や旅行に行った際に割り勘で勘定を済ませた後に「この領収書、使っていいよ」といった甘い誘いがかかることもあるかと思います。

しかし、他人からもらった領収書を使用すると、一時的に節税効果を得ることができるかもしれませんが、税務調査が来た時に必ずバレます。

ちなみに、取引先との会合での飲食費を割り勘で払うことは少なくないかと思います。

「割り勘」の場合は、事実として割った金額を自分で支払っているので、支払った分の領収書を受け取ることは可能です。

例えば、自分1人と取引先の担当者1人で1万円の会食費を割り勘したとします。この場合は、2人で割るので各々「額面5000円」の領収書を受け取ることが可能となります。1枚の領収書（10000円）であっても領収書に「割り勘で半額を負担」と書いて領収書の額の半額分となる5000円を経費として申請すれば問題ありません。

さて、話を戻し、知り合いからレシートや領収書をもらい「バレるはずなんてない！」と高を括《くく》り、実際に税務調査の際に調査官にバレてしまったという例を紹介しましょう。建設業系の方の確定申告で税務調査が来たケースです。2パターン、バレてしまった経費の水増しを紹介します。

1つ目は簡単です。「そんなことする人がいるの⁉」と思われるかもしれませんが、本当は全ての仕事を自分で対応していたのに、それを「外注費」として外部に依頼しているようにして経費として200万円を計上していました。請求書や領収書はもちろんなく、銀行口座に出金の履歴も残っていない状態でした。「どうせ調査は来ないだろう」と安易に架空経費を計上してしまっていた例です。ちなみに、この方の申告はこんな感じでした。

売上：700万円　外注費：200万円　他経費：300万円　利益：200万円

で、所得税が数千円という申告書になっていました。そして、高校3年生と高校1年生のお子様がいました。扶養控除のところで、3人分の控除や生年月日の情報が申告書には載っています。税務署も「年間200万円で家族4人、どうやって生活しているの？」と思ったことでしょう。そして見事、嘘が発見されてしまいました。

もう1つのパターンは、友達にお願いして、友達の銀行口座へ送金し請求書、領収書も準備して外注費を計上している方がいました。そして……送金したお金を友達から現金でバックしてもらっていました。嘘の外注費だとバレたのですが、準備されていた請求書・領収書を税務署が持ち帰って、その友達の名前の確定申告書をチェックし、その方が会社員であることがわかり、これは怪しいとなったのだと思います。

後日、どんな仕事を依頼しているのかを詳しく聞かれ、説明に齟齬が生じ架空外注費であることがバレてしまいました。

ちなみに、税務調査が来ると、通常は3年間の確定申告の内容がチェックされます。でも、この調査期間は最大7年まで延長されることがあります。

例えば、毎年同じような内容の誤りがあった場合で、過去に遡っても同じミスがあるだろうと簡単に想像できる場合は調査期間が3年から5年に延長されます。また、確定申告の内容が悪質な脱税をしていると判断されるとさらに延長し、7年間遡ってチェックされてしまうこともあります。

そして税務調査の結果、確定申告の内容が修正され、追加で所得税を払うことになります。税務調査の結果は、市役所にも連絡が行き、住民税や個人事業税、健康保険料も過去に遡って支払うことになります。

このように、不正は必ずバレますし、バレた時のペナルティはとても大きなものとなってしまいます。そもそも他人からの領収書を使用する行為は、(当たり前ですが)完全にアウトですので絶対やめましょう!

ちなみに、**個人事業主で最も税務調査で税金を取られてしまった方は、1億円以上の税金を払うことになった方もいます。**まあ、かなり脱税してしまっていた事例ではありましたが、通常の正しい納税をしていれば起きなかったことです。何度も言いますが、脱税は犯罪であり、「つい、できごころで……」は通用しない世界なのです。

8

家賃・水道光熱費の経費割合を多くしすぎる

個人事業主の税務調査では、調査官が自宅まで調査に来てくれます。そして、応接室や仕事部屋などあなたが決めた場所で調査が始まります。

その際、「仕事はどこでしていますか?」と聞かれます。そして、実際に家のどのくらいの割合を仕事に使っているかは簡単にバレてしまいます。

具体的には「『家賃の80%』が経費になっていますが、どうやって経費にする割合を決めましたか?」と質問されたりもします。

調査が来なければ、家賃や水道光熱費を100%経費にしようが(ダメですが)通ってしまいますが、調査が来たらすぐにバレてしまうのが家賃や水道光熱費の経費割合です。

だからといって心配しすぎる必要もありません。

ちゃんと説明できるように経費割合を決めていれば±10%くらい違っていても怒られる

ことはありません。厳密に仕事部屋の広さをメジャーを使って計測して……までしなくても大丈夫です。

そこで、ここでは家賃・水道光熱費を計上する上でのルールをもう一度おさらいしましょう。家賃・水道光熱費を経費計上するときのルールは次の通りでした。

●**青色申告**

家賃を経費計上するときは、家の中で仕事に使っている部分の割合に応じて経費を計上できる。

●**白色申告**

家賃を経費計上するときは、家の中で、仕事に使用している割合が半分以下の場合、1円たりとも経費に計上することができない。家の中で、仕事に使用している割合が半分を超える場合はその割合で経費にできる。

このように、家賃や水道光熱費など、「家事関連費」といわれる費用については青色申告と白色申告でそれぞれ経費の計上方法にルールがありました。

この原則部分は1章で紹介したのですが、実はもう少し細かい規定があるので、ここで紹介しておきます。

※家事関連費

個人事業に特有の処理方法で、仕事に使っている場所での必要経費と生活費が一体となっていて、切り離すのが困難な支出のこと。具体的には家賃、水道光熱費、ネット通信費、ガソリン代などが該当する。

こうした費用を経費にする場合は次のルールに従います。

❶賃貸の場合の、家賃の按分の仕方

まず、家賃の按分ですが、これはどれだけのスペースをビジネスで使っているかで決まります。家賃が10万円、家の総面積が50平方メートルで、仕事で使っているのが10平方メートルだったら、20%がビジネス用途。つまり、2万円が経費になります。

❷持ち家の場合の按分の仕方

持ち家の場合、減価償却費や住宅ローンの金利、火災保険料、固定資産税といったものが家事按分の対象になります。ただ、住宅ローン控除を使っている人は注意が必要です。事業所として使っている部分は、住宅ローン控除の対象外となってしまいます。ここは総合的に判断してベストな方法を選んでくださいね。

❸水道光熱費の按分の仕方

水道光熱費や通信費は、仕事で使う時間に注目します。例えば、週40時間仕事に使っているなら、以下のような計算になります。

▽平日の作業時間が約8時間で、土日は仕事を休みにしている場合

平日の作業時間が約8時間で、土日は仕事を休みにしている場合、1週間で約40時間仕事をしていることになります。1週間は24時間×7日＝168時間であるため、按分割合は約40時間÷168時間×100＝約24％です。

つまり、この場合は水道光熱費のうち、24％を経費に計上することができるということになります。水道光熱費が月4万円なら、約1万円が経費になるわけです。

❹車の使い方

車関連の費用も、走った距離や使った時間で割合を出します。これも、ちゃんと使った時間で計算することが大事です。

仕事とプライベートで兼用している車の割合は、「全体の走行距離」に占める「業務のために走行した距離」の割合で計算できます。

例えば、車の維持費と走行距離が、「維持費の金額10万円（年間）、その車で走った距離10000キロメートル（年間）、業務のために走った距離6000キロメートル（年間）」だったとします。

この場合、割合は60％（＝6000÷10000）、経費にできる金額は6万円（＝10万円×60％）、経費にできない金額は4万円（＝10万円－6万円）と計算することができるのです。

以上が家事関連費の按分のポイントとなります。

白色申告と違って、青色申告の場合は最高で100％まで家事関連費を経費にすることができますが、だからといって何もかも経費に計上すると、さすがに税務署も目を光らせることになります。

当たり前ですが、自宅とオフィスを兼用している場合、自宅を全くプライベート使用しないということはあり得ないので、家賃・水道光熱費を全額計上することはできません。「家賃や水道光熱費の9割が事業使用なんて、プライベートの間は逆にどこにいるんだ?」という話になってしまいますから。

家事按分は正しく使えば経費を大きく計上することができます。しっかりルールを理解して、経費を増やしていきましょう!

9
家族のスマホや交通費まで経費にする

1章では、家族に給与を支払って、経費として計上する節税テクニックを紹介しました。

さて、ここであなたの脳裏にこんな疑問が浮かんだかもしれません。「家族を従業員として認めてもらえるなら、家族のスマホ代金や交通費なんかも経費として計上できるんじゃないの？」

確かに、ルールさえきちんと守れば家族のスマホ代金や交通費も経費に計上することができます。ここまで読んできたあなたなら、もうそのルールはおわかりですよね。そうです、「プライベートで使っている分は計上しない」「仕事で利用している割合だけ経費にできる」。これが何よりも大事なルールとなってきます。

ここからいくつか具体的なケースを解説していきます。

▽仕事を手伝っている家族のスマホ代を全額経費計上できる？

いきなりで恐縮ですが、家族のスマホ代を全額経費にしようなんて夢は見ないでくださいね。普通に考えて、プライベートの時間にスマホを全く触らないという人、世の中にいるのでしょうか？　めったにいないですよね。だから、スマホ代を経費として8割、9割とか、高くして処理するのはアウトです。

「いや、このスマホはビジネス利用しかしていませんから！」と主張するのは自由です。でも、そこでもしもプライベートのやり取りだったり、スマホのゲームアプリが見つかったりしたらすぐにアウトです。

また、通帳やクレジットカード、仕事で使っているメール（税務調査では、業務に関係ある範囲でパソコンの中も見られます）をチェックされた時に、スマホアプリでゲーム課金した証拠が見つかった場合も同じくアウトです。

一方で、仕事用に1台、プライベートで1台持っている時は仕事用の1台は100％経費と主張できます。実際には、仕事とプライベートで利用している時間の割合やデータ利用の割合から「これだったらちゃんと税務署にも説明できる！」という割合を経費として申請することになります。

▽家族のスマホ代金をまとめてクレジットカードで払ったら経費にできる？

さらに注意点として、家族は仕事に関わりがないにもかかわらず、家族分もクレジットカードでまとめてスマホ代を払い、「これ、通信費の経費だから！」と全額を経費にしてしまうこともアウトになります。

明細なんてプロの税務調査官が見ればすぐに何が何だかわかってしまいます。たとえクレジットカードでまとめて決済していても「これ、事業に関係ないものの代金も一緒に経費にのせちゃっていますよね」とバレるリスクは相当に高いですよ。

そもそも、スマホ代というのはだいたいの相場が決まっているわけです。もし、月に5万円も使っていたりすると、「なんでこんなに？　家族の分まで入っているでしょ？」って疑問を持たれてしまいます。

家族を巻き込んでビジネスを展開して、経費も増やせたら夢のようですよね。ただしそれはあくまでルールを守ったときの話です。

携帯代の一部を経費にする場合の目安

全額を経費にする	半分経費にする
個人携帯ではほぼ不可能。法人携帯など会社名義で契約している場合は全額負担OK	業務とプライベート利用の割合が半々、仕事の通話やネット利用はそこそこの場合に

7〜8割経費にする	2〜3割経費にする
取引先とのやり取り（通話、メール）が明らかに多い、仕事でネットをよく利用する場合に	パソコン作業がメイン、業務利用はゼロではないがプライベートでの利用が多い場合に

結局は、ちゃんとルールを理解して、経費の範囲内で適切な管理をすることが大切なのです。

最後に携帯代の一部を経費にする場合のある程度の目安を上にご紹介しておきます。ご参考までにどうぞ。

10

親や配偶者、家族に「不当に」支払う給与

では、「家族給与」を使ったアウトな経費について見ていきましょう。

税務調査の際にも誤りが指摘されやすい経費の1つがこの「家族へのお給与」問題です。

主な注意点は3つです。

❶家族へ給料を払うための税金のルールを守る
❷実際に家族が仕事を手伝っていること
❸家族だからといって、甘い給与の査定をしない

1つ目のポイントは、税法上のルールをきちんと守ること。家族へ給与を払うときのルールは、白色申告と青色申告で異なります。改めて確認してみましょう。

●白色申告の場合

経費として認められる額に上限があり、配偶者の場合は86万円、それ以外の親族については50万円までしか認められない。

●青色申告の場合

経費として認められる額の上限がなくなり、適切な給与額であれば全て経費として計上することができる。ただし、青色申告をしているだけではこの制度を使うことはできず、事前の手続きが必要。

白色申告なのに100万円以上を給与として経費にしたり、青色申告でも事前の手続きをパスして給与をどんどん計上するのはルール違反になり、経費として認められなくなってしまいますので気をつけましょう。

2つ目のポイントは、実際に家族が仕事を手伝っていることです。奥さんに給与を払っていた時、税務調査の場面では「どんな仕事を手伝ってもらっているんですか?」と質問されます。そして、「実際に奥さんとも話をさせてください」と調査官から言われます。

例えば奥さんが経理として働いているというなら、どんな経理ソフトを使っていて、毎月の入出金はいくらくらいなのか。毎月の請求日はいつで、どこの銀行を使っているか……こういった質問に最低限答えられるようにしておく必要があります。

調査官「では、奥さんに仕事内容を確認したいので話をさせてください」
あなた「は、はい……」
調査官「奥様が経理の仕事を手伝っていると伺いました。会計ソフトは何を利用していますか？」
奥さん「？？？会計ソフト？？？」

となってしまったら完全にアウトです（本当によくあるパターンです）。
3つ目のポイントは、「家族だからといって、甘い給与の査定をしない」、つまりは給与の金額が妥当であることです。
例えば、たまに経理のお手伝いをしてくれるあなたのパートナーに、月に6時間しか働いていないのに、月給30万円を支払っているとします。時給5万円の経理担当者が誕生していますが、これは、全く許されません。時給は、市場価格に合わせて「妥当な額」に調整する必要があります。

残念ながら、大事な家族だからとか、うちの奥さんはハイパー有能だからといった理由で、超高額の報酬を払うわけにはいかないのです。

▽妥当な給与額は？

先ほどの例に出てきた「月に6時間」だと、パートのような働き方ですね。2023年に「新宿区　経理　パート」とGoogleで検索し、出てきた求人サイトを見てみると、時給は概ね「1200円～1500円」くらいでした。

この金額が基準値となり、パートナーが経理初心者なら1200円、何も指示しなくても全部やってくれるレベルの優秀な方なら1500円、というようにその時の求人情報を参考にしながら時給を決定し、その時の参考にした求人サイトなどを印刷して保管しておけば証拠として十分です。

3章

節税マスターレベル1　基本が最も重要！
「誰でもできる方法」を駆使して正しく節税する

1

地味に効くふるさと納税

さて、本章では「知ってさえいれば誰でもできる」節税テクニックについて紹介していきましょう。

さあ、まずは私も活用している「ふるさと納税」について語っていきたいと思います。

「ふるさと納税」は、「税」という言葉がついていますが、実際には税金ではなく、地方自治体への寄付です。任意の地方自治体に寄付をすることによって、寄付金額から2000円を差し引いた額が所得税や住民税から還付を受けられるという制度になります。

そして、**ふるさと納税を行うと、税金の控除が受けられるだけでなく、「返礼品」と呼ばれるお礼の品が受け取れます。**

この「返礼品」は「寄付金の30%以内の金額の商品」と定められているものの、実際には寄付金額の100％を超える金額のものも多くあります。その結果、寄付の金額（≒税金が減った金額）以上にお得になる可能性がある制度、それがふるさと納税です。ちなみに、お礼の品はお肉やお米、野菜、パソコンなど寄付先によって様々な品が用意されています。

そして、ここからふるさと納税で税金が安くなる計算式を紹介していきますが、税の計算に慣れていない方には難解ですので、「ふるさと納税　試算」とGoogleで検索すれば、必要情報を入力するだけでふるさと納税のおすすめ金額を計算してくれるサイトがたくさんでてくるので、そちらを利用してもらえたらOKです。

【ふるさと納税をした時のイメージ】

ふるさと納税で応援したい地域に4万円の寄付をする

↓翌年の所得税・住民税が合計で40000円−2000円＝38000円安くなる

↓さらに、40000×0.3＝12000円以内の返礼品を受け取ることができる

4万円の寄付によって、3万8000円税金が安くなり、1万2000円分相当の返礼品を受け取ることができるので結果として、約5万円分のリターンをゲットでき、差し引

き、1万円がお得になってしまうのです！

▽ふるさと納税をすると、どれくらい控除が受けられる？

❶所得税からの控除

ふるさと納税をすると、寄付をした金額から2000円を引いた金額が翌年の確定申告で控除を受けることができます。

ここで、所得税からはどのくらいの控除を受けることができるのかを見ていきましょう。

【基本の計算式】

所得税からの控除額＝ふるさと納税の寄付額－2000円

例えば、所得400万円で専業主婦の妻のいる人が4万円をふるさと納税で寄付した場合を見てみましょう。

所得400万円の人の所得税率は、扶養者がいる場合は多くの方が10％です。したがって、この場合には、

（40000円－2000円）×0.1＝3800円

所得税が安くなります。ただし、令和19年までは復興税として実際の所得税の税率は、所得税率×1.021％となるので、実際に減少する所得税は3800円×1.021＝3900円（100円未満は切り捨て）となります。

❷住民税の減額効果

住民税の場合は、ふるさと納税を行うと通常の寄付金控除と特例分の2種類がそれぞれ住民税から差し引かれます。先ほどの例に出した家庭の場合、金額は以下のようになります。

・住民税の減額（基本分）＝（ふるさと納税の寄付金額－2000円）×10％＝3800円

・住民税の減額（特例分）＝（ふるさと納税の寄付金額－2000円）×（90％－所得税率）＝38000×0.8＝30400円

この2つを合計し、「3800円＋3万400円＝3万4200円」だけ住民税が安くなります（復興税による調整があるため、実際の控除額は少し異なります）。

❸合計の住民税の減額効果

今回の例の所得400万円で配偶者の方が専業主婦の場合、4万円の寄付を行った場合、3万8000円相当の税金が安くなります。

▽ふるさと納税をさらにお得に使う方法

さて、ここまで見てきた通り、ふるさと納税は普通にするだけでも、節税効果を得ることができるので、とてもおすすめの制度です。

しかも、コツさえ押さえてしまえば、さらにお得に使いこなしていくことができるのです。ここからはその方法を紹介します。

❶ポータルサイトのポイント還元を受ける

ふるさと納税をするときは、大抵「さとふる」「楽天ふるさと納税」などのポータルサイトを利用するのですが、このポータルサイト同士が近年ガチンコバトルを繰り広げていて、ふるさと納税をするだけでAmazonギフト券とかポイントがもらえるキャンペーンが増えています。

例えば、最近のキャンペーンではこんなものがありました。

・大手ECサイトのポイントが寄付額の15％分もらえるキャンペーン
・某旅行サイトのポイントが寄付額の30％分もらえるキャンペーン
・決済をPayPayで行うと、寄付額の20％以上がPayPay残高でもらえるキャンペーン

他にもAmazonギフト券やマイルなど、ポータルサイトのキャンペーンを利用すると様々な方法で還元を受けることができます。

ただし、こういったお得なキャンペーンは常に行っているわけではなく、期間限定のことがほとんどです。「ふるさと納税　キャンペーン情報」などと検索すると、今行っているキャンペーンや今後行われるものが調べられるので、ぜひお得なキャンペーンに乗っかるようにしていきましょう！

❷還元率の高い返礼品を選ぶ

返礼品が寄付額に対してどれだけの価値があるか、という「還元率」は「寄付額の30％以下」と定められていますが、実際には自治体や商品によってはこれを超えてくるものがあります。

「ふるさと納税　還元率ランキング」と、ネットで検索すると還元率の高い商品の一覧が出てくるので、寄付する前に必ず情報収集をするようにしましょう。

ちなみに、還元率が高い商品を狙うならとにかくお肉の一択です。中には還元率が100％を超えるものもあったりと、還元率が高くてお得感がマックスです。

また、還元率はやや低めですが、家電や家具なども返礼品として受け取ることができます。

食べ物にはそこまで興味がないとか、ちょうどパソコンやソファの交換をするタイミングだったとかであれば、こうした返礼品をゲットするのもいいかもしれません。

▽ふるさと納税をするときの注意点

最後に、ふるさと納税を利用する上で大事なことを確認していきましょう。

まず、ふるさと納税は誰でも行うことができますが、税金の減額効果を受けるには必ず確定申告が必要なので、忘れずに申告をするようにしてください。

また、控除を受けられる制限額を知らないと、結局ただの寄付になってしまうので、要注意です。制限額は年収によって変わってきますが、

・年収400万でおよそ4万2000円
・年収500万でおよそ6万1000円

となっています。これを超えると、せっかくの寄付も控除の対象にならないので、まずは自分の制限額をきちんとシミュレーションすることが大切です。

自分がいくら寄付すると一番お得か調べたい時は、「ふるさと納税　個人事業主　シミュレーション」と検索してみましょう。試算をしてくれるサイトがすぐに見つかります。

2

生命保険・健康保険・国民年金を漏れなく集計して節税

フリーランスになると、今まで会社がしてくれていた年末調整がなくなるため、自分で生命保険料や健康保険料の控除を計算して確定申告しないと、税金を損してしまうので注意が必要です。また、サラリーマンの方にとっても面倒な毎年のイベント「年末調整」。この項では、社会保険料などを漏れなく集計し、控除を受ける方法をお伝えします。

▽生命保険料の控除制度

生命保険の保険料は、一定の条件のもと控除の対象となります。

つまり、生命保険料を支払うことによって課税所得を少なくして、税金を減らすことができます。個人事業主が控除を受けられる保険の種類には、以下の3つがあります。

・生命保険料控除（死亡保険、収入補償保険、学資保険など）
・介護医療保険料控除（医療保険やがん保険、介護保険など）
・個人年金保険料控除（個人年金保険）

それぞれ、所得税では最高4万円、住民税では最高2万8000円の控除を受けることができます。つまり、もしもあなたが死亡保険、介護保険、個人年金保険にそれぞれ加入しているならば、最大で、

・所得税　40000円×3＝120000円
・住民税　70000円（住民税の控除には上限があるため、3つとも加入していても控除は最大70000円です）

の控除を受けることができます。例えば、所得税が10％の方であれば最大12万円×10％＝1万2000円の所得税が安くなり、最大で7万円×10％＝7000円の住民税が安くなります。

▽個人年金保険とは？

ここで3つ目に出てきた個人年金保険について簡単に説明をしておきます。生命保険や医療保険のイメージはわかるけれど、個人年金保険については知らない、という方も多いのではないでしょうか。

個人年金保険は、国民年金と違い、民間の保険会社が販売する金融商品の1つです。公的な年金や企業の年金では老後の資金が足りるか心配、という方が老後に備えて加入する保険をイメージしてもらえればと思います。

個人年金保険には様々な種類があり、払込期間や受け取り期間も商品によって異なりますが、控除の対象となるものには以下の要件があります。

（イ）年金の受取人は、保険料もしくは掛金の払込みをする者、またはその配偶者となっている契約であること。

（ロ）保険料等は、年金の支払を受けるまでに10年以上の期間にわたって、定期に支払う契約であること。

（ハ）年金の支払は、年金受取人の年齢が原則として満60歳になってから支払うとされている10年以上の定期または終身の年金であること。

※国税庁HPから引用　https://www.nta.go.jp/taxes/shiraberu/taxanswer/shotoku/1141.htm

この3つを満たすと、生命保険や医療保険とは別に、保険料の控除を受けることができます。

▽保険料の控除を受ける方法

では、具体的にどうやって生命保険料控除を申請するかというと、非常に簡単です。毎年、保険会社から届く「生命保険料控除証明書」を大事にしまっていますか？

この証明書には、年間の保険料がきちんと記載されていて、これを確定申告の際に添付することで、所得税・住民税からそれぞれ控除を受けることができます（e-taxを利用するときは添付不要）。

生命保険に加入しているなら、控除を忘れずに使って節税につなげていきましょう。ただし、今生命保険に加入していなくて、これからも特に入る予定がないのであれば、節税のためだけにわざわざ入るのはおすすめしません。生命保険料のコストがかかってしまいますからね。

そして、申告書の生命保険料控除の欄に保険料を記載することで、所得税・住民税からそれぞれ控除を受けることができます。

なお、記載する金額は「生命保険料控除証明書」を見ればすぐにわかり、難しい計算も一切不要です。あくまで、今保険に加入している人が確実に控除を受けるための方法としてとらえておいてください。

▽国民健康保険料・国民年金は全額控除対象

それと、フリーランスの方に絶対に使ってほしいのが、国民健康保険料・国民年金（2つを合わせて社会保険料と言います）の控除。国民健康保険料・国民年金は原則として、その年に支払った全額を控除対象とすることができます。

ただし、これらもフリーランスの場合は誰かが勝手に計算してくれるわけではないので、自分で支払い総額をきちんと計算し、確定申告書に記載のうえ、資料を添付することが必要です。

これもきちんと支払い記録を残しておいて、確定申告の際に漏れなく申告するようにしてください。

控除証明書の例

国民健康保険税納付確認書

（税金の申告のみに使用してください）

（〒 000-0000 ）

●●●●
●●●●●●●●

●●　●●●　様

記号番号	0123XXX456
納付期間	令和●年 1月 1日から 令和●年 12月 31日まで
① 特別徴収分	¥0
② 普通徴収分	¥217,900
③ ＝ ① ＋ ② 合計納付済額	¥217,900

●●●●国保係　扱

令和　4年分 生命保険料控除証明書（一般用）

ご契約者　●●　●●　様
被保険者　●●　●●　様
保険金等受取人　●●　●●　様
※保険金等受取人は、ご契約内容に応じて保険金受取人・給付金受取人（被保険者様）等を記載しています。なお、受取人が複数名の場合も、お一人のみ記載しています。

証券番号 12345–678	保険種類 医療保険	保険期間 終　身
ご契約年月日 平成12年11月　1日	払込方法 月　払　（払込継続中）	1

令和　4年　9月までのお払込み金額を下記のとおり証明します。

	区分	保険料（A） 円	配当金等（B） 円	証明額（A-B） 円
旧制度適用	一般	254565	0	254565
	個人年金	***	***	***
	区分	保険料（A） 円	配当金等（B） 円	証明額（A-B） 円
新制度適用	一般	***	***	***
	介護医療	***	***	***
	個人年金	***	***	***

3

【ご参考】月払契約の証明年12月末時点でのご申告額は下記のとおりです。
※証明日時点で解約手続中の場合でも、12月分までの保険料をお払込みいただいたものとして記載しています。

	区分	年間保険料（イ） 円	年間配当金等（ロ） 円	申告額（イ-ロ） 円
旧制度適用	一般	282850	0	282850
	個人年金	***	***	***
	区分	年間保険料（イ） 円	年間配当金等（ロ） 円	申告額（イ-ロ） 円
新制度適用	一般	***	***	***
	介護医療	***	***	***
	個人年金	***	***	***

2

NNNNNNNNNNNNNNNNNNNNNNNNNNNNNNNN

証明日　令和　4年10月　6日　　●●生命保険株式会社

社会保険料控除、生命保険料控除はすでに払っているものを申告するだけで税金が安くなるので、必ず漏れなく申告して税金を減らしましょう。

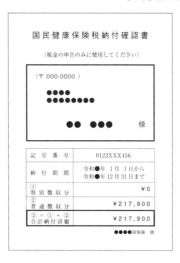

3
過去の年金・健康保険料をまとめて払って節税

意外かもしれませんが、未払いの年金や健康保険料を使って節税をすることもできるのです！

あなたはこれまでうっかり年金や健康保険料の支払いを忘れてしまった経験がありますか？　もしあったら、それは節税のチャンスです。

ご存じの通り、未払いの年金や健康保険料は、後から納付することができるのですが、この支払額の全額を本来納付するべきだったタイミングではなく、納付した年の確定申告時に社会保険料控除としてまとめて計上できてしまいます。

例えば、あなたがフリーランスや個人事業主で、大学生時代に年金を払っていなかったとしましょう。大学時代って本当にお金がないですからね。まあよくあるケースです。そこで、大人になった今になってその未払い分をまとめて納付することにした場合、確定申告でその分を控除することができます。

やることも簡単。まず、未払い分の年金や健康保険料を確認し、それを納付します。次に、確定申告書にその納付分を記載して、社会保険料控除を受けます。

たったそれだけで、数十万の控除を受けられるかもしれないと思ったら、とてもいいですね。

「でも、年金を払うと現金が減ってしまうじゃん？」と疑問に思うかもしれません。確かに、一時的には出費が増えますが、将来的には年金の受け取り額が増える可能性があります。これは「長期的な投資」と捉えることができます。

いずれにしろ、未払いの年金や健康保険料は放置しないようにしましょう。

そもそも国民年金や健康保険料は、本来は決められたタイミングで支払うもので、たとえ節税メリットがなかったとしても今すぐに払うべきものであり、それをこの機会に「節税」つきでできてしまうなんてとてもいい話ではありませんか？

あなたも未払いの年金や健康保険料がないか、ぜひ改めて確認をしてみてくださいね。

4

コツコツ集めて税金が安くなる医療費控除

皆さん、病院に行ったり薬を買うなどして医療費を払った場合、その領収書はどうされていますか?

多くの方が考えずに捨ててしまうかもしれませんが、実はこれが貴重な節税の手段となるのです。2章で「マッサージを受けた費用は原則経費にならないけれど、治療目的で有資格者から受けた場合だけ、医療費として控除の対象とすることができる」というお話をしたのを覚えていますでしょうか。そう、自分や同居家族のために使った医療費は、所得税の控除にあてることができるのです。

また、これまで色々な控除の話を紹介していますが、各種控除は所得税だけでなく住民税も減らす効果があります。ぜひ、今回紹介する医療費控除についてもマスターしてください。

▽医療費控除とは

医療費控除は、1年間で医療費が10万円を超えた場合、その超えた分を税金の計算の際に控除することができる制度です。医療費控除の額は次の式で計算します。

（実際に支払った医療費の合計額－保険金などで補填される金額）－10万円

たとえ高額の医療費がかかったとしても、保険などで全額補填がされた場合は控除の対象にはなりません。また、控除の上限金額は２００万円です。

▽医療費控除の対象

医療費というと病院で支払った費用のことだけを想定しがちですが、実際にはもう少し広範囲の費用が控除の対象になっています。

具体的には以下のようなものがあります。

・病院で治療の対価として支払う医療費（健康診断の費用は除く）

- 治療に必要な医薬品の代金
- 病院に行くための交通費（新幹線代でも対象になることも！）
- あんま師や鍼師、柔道整復師などによる施術の対価（リラックス目的のマッサージは対象外）
- 通院費、医師等の送迎費、入院の際の部屋代や食事代の費用、コルセットなどの医療用器具等の購入（バスや車移動が難しい場合を除いて、タクシー代は控除の対象になりません。ガソリン代や駐車場代も控除対象外です）
- 診療や治療を受けるために直接必要な義手、義足、松葉杖、補聴器、義歯、眼鏡などの購入費用

その他にも、何が控除の対象になり、何が控除対象外なのかは国税庁のＨＰに詳しく記載しているので、今年病院にお世話になった方は左記から確認してみてください。

https://www.nta.go.jp/taxes/shiraberu/taxanswer/shotoku/1122.htm

▽医療費控除を利用するための要件

医療費控除を利用するためには、次の2つの要件を満たしている必要があります。

❶納税者が自己または自己と生計を一にする配偶者やその他の親族のために支払った医療費であること

❷その年の1月1日から12月31日までの間に支払った医療費であること

という要件があります。12月31日までに請求が発生しても、未払いの場合はその年の控除の対象とはなりませんので、実際に支払った年に控除を申請してくださいね。

また、医療費控除の申請をするときには領収書の添付は必要がないのですが、医療費の総額を計算するためには当然領収書が必要です。よく、年初に「そんなに医療費がかかることもないだろう」と思って領収書を処分してしまう人がいるのですが、何かあると簡単に10万円なんて超えてしまいます。そのときになって「領収書がない！」となっても時すでに遅し、です。そうならないように病院や薬局で領収書をもらったら大切に保管するようにしておきましょう。

▽歯列矯正は医療費控除の対象になる？

ちなみに、扱いがやや複雑なのが歯列矯正の費用。これは控除の対象になると思いますか？

歯列矯正の場合は、治療目的であれば医療費控除の対象となります。ただし、美容目的での矯正は除外されるので注意が必要です。

また、歯科治療についてもあまりに高額なものは医療費控除の対象外となってしまうケースもあります。

ここで、どんな場合に歯列矯正や歯科治療が控除の対象として認められるか、具体的な例を見ていきましょう。

❶歯科治療として一般的な価格内での治療

金やポーセレンなど、一般的に使用されている材料を使った治療で、治療を目的とするものは医療費控除の対象になります。一方で、一般的な範囲を超える高額の治療や美容目的のセラミック治療などは、控除の対象と認められません。

❷成長段階の子どもの歯列矯正

まだ小さな子どもの成長の過程で、噛み合わせが悪かったりする場合は、医療目的の治療と認められるため、控除の対象となりやすいです。一方で、大人がもっと見た目を良くしたいと思って治療をした場合は、控除を受けることはできません。

このように、同じ歯科治療でもその内容や金額、目的によって控除の対象になるかどうかは変わってきます。

自分が受ける歯科治療が控除の対象かどうか気になる場合は、税務署に電話すると無料で教えてくれます（しかも匿名で質問ができます）。

▼医薬品も控除の対象になる

「医療費は使ったけど10万円もいかなかったな」という場合は、別の控除制度も存在します。それが、セルフメディケーションという制度です。

この制度を使うと、対象の医薬品を購入した場合、年間で1万2000円を超えた分について、上限8万8000円まで所得控除が可能です。ただし、医療費控除を受けた場合は、セルフメディケーション制度は使えません。

セルフメディケーションの対象となる医薬品は厚労省のＨＰから確認できます。メジャーな医薬品は一通りカバーされていますが、あなたの家の常備薬がリストに入っているかどうか、左記から一度確認してみると良いかもしれません。

https://www.mhlw.go.jp/content/10800000/001124658.pdf

小さな節税テクニックこそ節税の要

医療費控除はつい忘れがちですが、しっかりと活用していけば意外と大きな節税になるものです。

仮に、あなたの年収が６００万円くらいなら、子どもの歯列矯正に50万円使うと、所得の額によるものの、多くの場合は所得税・住民税で10万円ほど税金が安くなります。

妊娠・出産などがあった場合も、一時金だけで足りなければ医療費控除を使うことができますし、それによって年間数万円ほどの節税効果を見込めます。

また、自分一人で年間10万円も医療費を使うことは想定しにくいかもしれませんが、４人家族であれば、一人２万５０００円以上医療費を使うと、控除の対象となってきます。

こうなると、控除を使う確率もグッとあがりますよね。

よく、「一撃でドカンと節税できるテクニックって何がありますか?」と相談を受けるのですが、最終的に「節税できた額」に大きな差が出るのは、一撃狙いよりも、医療費控除のような「小さな節税テクニックをコツコツとやっているかどうか」です。

本書でも様々な節税テクニックを紹介していますが、「これは額が大きそうだからやってみよう!」「これは少額だしまあいいか」ではなく、金額の多寡にかかわらずできる節税策は全部取り入れてみてください。1年間で驚くほど節税効果に差が出ます。

ということで今後、医療に関する領収書は大切に保管し、年末にはしっかりと申告をしましょう。

ぜひ、医療費控除を上手に活用して節税効果をフルに受けてくださいね。

5

NISA・iDeCoを利用して資産運用しながら節税

「投資」「節税」の2つの側面を持ち、節税策として非常におすすめできるのがNISAやiDeCoです。

しかし、つみたてNISA、NISA、iDeCoなどさまざまな制度があるため、どれが節税効果が高いのか判断に悩む方も多いのではないでしょうか。そこで、この項ではこの3つの制度を比較しつつ、節税効果を最大にする利用方法についてしっかりと解説をしていきます。

▽つみたてNISA、NISA、iDeCoの違い

この3つの最も大きな違いは、目的と運用の対象となる商品です。それぞれ次の図のような違いがあります。

つみたてNISA、NISA、iDeCoの違い

つみたてNISA	少額からの投資を行うための制度。 運用の対象は投資信託やETF（上場投資信託）に限られる。 年間の投資上限額は40万円。
NISA	少額からの投資を行うための制度。 投資信託、ETFに加えて、株式に投資をして運用をすることができる。 年間の投資上限額は120万円。
iDeCo	老後資金を貯めるための制度。 投資信託や定期預金、保険などを運用することができる。 年間の投資上限額は14万4000円から81万6000円（加入している年金の種類による）。

このように、つみたてNISAは、「少額で投資をしてみたい」という方のための制度です。

つみたてNISAは一部の投資信託やETF（証券取引所に上場し、株価指数などに代表される指標への連動を目指す投資信託のこと）に対象が限られますが、NISAは株式に投資をすることができ、限度額も大きいです。

一方、iDeCoは老後資金を自分で準備するための制度です。いわゆる「老後2000万円問題」に自分で対策をするためにある制度ですね。老後資金を貯めるための制度なので、原則積み立てたお金は六十歳まで引き出すことができません。

▽NISAやiDeCoを使って節税

通常、株式やETFへ投資をして利益が出ると、利益の20％に対して税金がかかります。しかし、iDeCoやNISAは運用益に対してなんと税金が0円（非課税）となります。さらに、口座の中のお金に対しても、運用中は税金がかからないという非常に優遇された制度になっています。

「投資をしてみたい」「老後に備えてお金を貯めていきたい」という方にとっては、利用しない手はないでしょう。

では、実際にいくらまで税金が0円（非課税）になるのでしょうか。それぞれの制度を比べていきましょう。

▽節税メリットはiDeCoが最大

❶NISAの場合

NISAは毎年の積立上限額が120万円で、非課税で運用できる期間は最大5年となっています。つまり、NISAを利用することで「120万円／年×5年＝最大600万円」が非課税となります。

❷つみたてNISAの場合

つみたてNISAは、毎年の積立上限額が40万円、非課税で運用できる期間は20年です。つみたてNISAを利用すると、最大で「40万円／年×20年＝800万円」が非課税となります。

❸iDeCoの場合

iDeCoの年間の積立上限額は加入している年金によって異なりますが、フリーランスの場合は年間81万6000円の投資額の運用で生じた利益が非課税となります。さらに、運用期間も60歳になるまでなので、始めるのが早ければ早いほど、大きく節税効果を出すことができます。

このように、期間や年間の上限金額で比べると、年齢や職業によって多少異なるものの多くの場合は、

iDeCo → NISA → つみたてNISA

の順に大きく節税効果を得ることができます。さらに、iDeCoは積み立てたお金が所得税の控除対象となる、優遇税制があります。

このため、所得税が高い人はiDeCoを利用することでさらに節税メリットを大きくすることができるのです。

▽2024年に大きな制度改革が！

なお、NISAとつみたてNISAについては2024年に新制度に移行することが発

表されています。この制度移行による変化が非常に大きいので、本書でも簡単に紹介をしておきますね。

新制度のポイントは以下の5つです。

❶ＮＩＳＡ（成長投資枠）とつみたてＮＩＳＡ（つみたて投資枠）の併用が可能に
❷年間投資上限額が最大360万円に
❸生涯非課税限度額が最大1800万円で新設
❹非課税保有期間の無期限化
❺制度の恒久化

❶ＮＩＳＡ（成長投資枠）とつみたてＮＩＳＡ（つみたて投資枠）の併用が可能に

2024年から、ＮＩＳＡは「成長投資枠」に、つみたてＮＩＳＡは「つみたて投資枠」に名称が変わり、併用ができるようになりました。これによって「つみたて投資枠」を使って低リスク商品に長期的に投資をしながら、「成長投資枠」を使ってリスク・リターンが比較的大きい個別株やＥＴＦに投資をするなど、投資の戦略の幅が広がります。

❷年間投資上限額が最大360万円に

現在の投資額の上限は、つみたてNISAで40万円、NISAで120万円でそのどちらかを選択する必要がありました。これが制度変更により、「つみたて投資枠」で120万円、「成長投資枠」で240万円を同時に利用できるようになります。

ただし、毎年360万円投資ができるわけではなく、新しく設定される「生涯非課税限度額」に達した場合は、年間の上限に達していなくても、保有資産を売却しない限り追加投資ができなくなることに注意が必要です。

❸生涯非課税限度額が最大1800万円で新設

新NISAから「生涯非課税限度額」が新設され、「つみたて投資枠」と「成長投資枠」の購入額の合計が1800万円となると、追加での買い付けはできなくなります（このうち、「成長投資枠」の上限は1200万円）。

ただし、生涯非課税限度額に達しても、保有資産を売却することで投資枠が再利用できるようになりました。これは新NISAの非常に大きなメリットの1つです。

❹非課税保有期間の無期限化

今回の制度変更で「つみたて投資枠」「成長投資枠」ともに、非課税期間が無期限になります。つみたて投資枠を利用する場合、これまで以上に長期間で積立投資を行うことができるようになりました。

❺制度の恒久化

現行の制度ではつみたてNISAは2023年まで、NISAは2023年までという期間の制限がありました。これが今回の制度変更でNISA制度が恒久化されることになり期限を気にせずに長期的な戦略を立てることができるようになりました。

このように、新NISAに移行することで、

- **投資戦略の幅が広がる**
- **より長期的な視点で運用ができる**
- **非課税枠が大きくなり、節税できる金額も増える**

など、今回の制度変更はメリットが目立つ内容になっています。なかでも、一人当たりの非課税枠が拡大されたことは非常に大きいです。単身でも１８００万円の非課税枠を自由に使うことができますし、結婚をしている方は、夫婦で３６００万円の非課税枠が使えるようになります。さらにｉＤｅＣｏもそのまま使えるので、多くの人にとっては、十分すぎるくらいの非課税枠がある状態といえるでしょう。

▽ＮＩＳＡ・ｉＤｅＣｏを使った節税の注意点

このように、ＮＩＳＡやｉＤｅＣｏを活用すると節税に大きな効果があります。

一方で、これらの制度はあくまで投資なので、投資の運用で損をしてしまったら、その分手持ちのお金が減ることは注意が必要です。

もしも節税効果を得たいけれども、投資はまだ不安という方がいれば、限度額が少ないつみたてＮＩＳＡ（あるいは、２０２４年からのつみたて投資枠）から始めるのも良いでしょう。

これら３つの制度はそれぞれ目的も特徴も違います。ぜひあなたにあった制度を活用して、節税につなげていってください。

新しい制度

	つみたて投資枠	併用可 成長投資枠
年間投資枠	120万円	240万円
非課税保有期間(注1)	無期限化	無期限化
非課税保有限度額（総枠）(注2)	1,800万円 ※簿価残高方式で管理（枠の再利用が可能）	1,200万円（内数）
口座開設期間	恒久化	恒久化
投資対象商品	長期の積立・分散投資に適した一定の投資信託 （現行のつみたてNISA対象商品と同様）	上場株式・投資信託等(注3) （①整理・監理銘柄②信託期間20年未満、毎月分配型の投資信託及びデリバティブ取引を用いた一定の投資信託等を除外）
対象年齢	18歳以上	18歳以上
現行制度との関係	2023年末までに現行の一般NISA及びつみたてNISA制度において投資した商品は、新しい制度の外枠で、現行制度における非課税措置を適用 ※現行制度から新しい制度へのロールオーバーは不可	

（注1）非課税保有期間の無期限化に伴い、現行のつみたてNISAと同様、定期的に利用者の住所等を確認し、制度の適正な運用を担保
（注2）利用者それぞれの非課税保有限度額については、金融機関から一定のクラウドを利用して提供された情報を国税庁において管理
（注3）金融機関による「成長投資枠」を使った回転売買への勧誘行為に対し、金融庁が監督指針を改正し、法令に基づき監督及びモニタリングを実施

（参考）現行制度

	つみたてNISA（2018年創設）	選択制 一般NISA（2014年創設）
年間投資枠	40万円	120万円
非課税保有期間	20年間	5年間
非課税保有限度額	800万円	600万円
口座開設期間	2023年まで	2023年まで
投資対象商品	長期の積立・分散投資に適した一定の投資信託 （金融庁の基準を満たした投資信託に限定）	上場株式・投資信託等
対象年齢	18歳以上	18歳以上

6 簡易課税を利用して「消費税」を節税

次に、フリーランスの方が押さえておきたい節税方法として「簡易課税」を紹介します。確定申告で消費税を払わないといけなくなった時、消費税を節税できる可能性がある制度です。

ここでは、消費税の制度を解説しながら、簡易課税を使って節税する方法についてお伝えしていきますね。

▽消費税の納税額

原則、消費税は下記の式で計算します。

課税期間中の課税売上にかかる消費税額－課税期間の課税仕入れにかかる消費税額（仕

入控除税額）

例えば、年間の売上が1200万円（税込1320万円）で経費が500万円（税込550万円）の場合は、売上にかかる税額 1200×0・1＝120万円から仕入れにかかる税額、500万円×0・1＝50万円を差し引き、70万円を消費税として納めることになります。

ここで問題なのが、この計算が実に面倒なこと。そこで、この計算を簡単にするために用いられる制度が「簡易課税」です。**簡易課税を用いると、それぞれの業種によって、国が決めた「みなし仕入れ率」という数値を使い、消費税を手早く計算することができるのです。**

例えば、あなたがシステムエンジニアだったとしましょう。1年間の売上は1200万円（税込1320万円）。簡易課税のルールに従うと、みなし仕入れ率は50％（後述の表の第5種事業）。本来は支払った経費に含まれる消費税を集計しなければいけないのですが、簡易課税を利用した場合、年間売上1200万円×50％＝600万円を消費税計算上の経費の額とみなすことができます。このみなし経費600万円にかかる消費税は60万円です。よって、売上の消費税120万円－みなし経費の消費税60万円＝60万円が納めるべき消費税として求められます。

▽業種別のみなし仕入れ率

みなし仕入れ率は業種によって変わり、次のページの通りになっています。

システムエンジニアの多くの方は、他の業種に比べて経費が少ない方がほとんどです。このため、簡易課税を利用したほうが消費税が少なくなり節税になる場合がほとんどです。「簡易課税を使ってみたい！」と思ったら、まずは自分の場合は本当に節税になりそうかを試算してみましょう。

そして、実際に簡易課税を利用することに決めたら「消費税簡易課税制度選択届出書」を税務署へ提出する必要があります。期限は原則として、適用を受けようとする課税期間の初日の前日（事業年度の最終日）までです。

例えば、令和5年3月15日期限の確定申告で消費税の計算を簡易課税で行いたい場合は、令和3年12月31日までに税務署に「消費税簡易課税制度選択届出書」を提出しておく必要があります。

また、一度簡易課税を選択すると、2年間はその選択を変更することはできません。提出する場合は慎重に検討してからにしてください。

みなし仕入れ率

第1種事業 ＝90％	卸売業（他の者から購入した商品をその性質、形状を変更しないで他の事業者に対して販売する事業）
第2種事業 ＝80％	小売業（他の者から購入した商品をその性質、形状を変更しないで販売する事業で第1種事業以外のもの）、農業・林業・漁業（飲食料品の譲渡に係る事業）
第3種事業 ＝70％	農業・林業・漁業（飲食料品の譲渡に係る事業を除く）、鉱業、建設業、製造業（製造小売業を含みます。）、電気業、ガス業、熱供給業および水道業をいい、第1種事業、第2種事業に該当するものおよび加工賃その他これに類する料金を対価とする役務の提供を除きます。
第4種事業 ＝60％	第1種事業、第2種事業、第3種事業、第5種事業および第6種事業以外の事業をいい、具体的には、飲食店業などです。
第5種事業 ＝50％	運輸通信業、金融・保険業、サービス業（飲食店業に該当する事業を除きます。）をいい、第1種事業から第3種事業までの事業に該当する事業を除きます。
第6種事業 ＝40％	不動産業

7

税理士を利用して節税

税理士を利用すれば漏れなく節税してくれて、経理も丸投げできたりします。本書で紹介してきた節税ノウハウを自分で考えなくても、全部教えてもらえるし、やってくれます。

でも、知人・友人に税理士がおらず、相談するハードルが高いなぁ……と感じている方もいるかもしれません。そこで、ここでは税理士を利用する裏技を紹介したいと思います。

私が今から税理士を探すなら、こうやって税理士を探すなという技です。

▽空前絶後の超裏技！　税理士を利用しつくす方法

私の友人の一人に、20代後半のYouTube映像編集やSNS運用代行で起業をした御手洗君という友人がいます。私は起業して10年以上がたったおじさんなので、すでに起業してある程度会社が成長している社長の人脈があります。そこで、御手洗君のサービスで喜ぶだろう人が何人もいたのでどんどん紹介していきました。結果、御手洗君は年間1000万円近くの仕事をゲットしていきました。こんなふうに、税理士からの紹介で仕事をゲットすることまで視野に入れながら、何人もの税理士に会って、自分にあった税理士を探す。成功した場合、税理士の費用なんてちっぽけなものです。

また、起業直後でデカい夢（「将来は100人の事務所を作る！」など）を持っている税理士もおすすめです。ちょっと違う例になりますが、1つお付き合いください。

私が本当に失敗したなぁと思っていることの1つに、大学時代に友達をほとんど作っていなかったことがあります。早稲田大学に通っていたのですが、上位の大学だったこともあり友達が社会に出た後、出世していっているんですよね。大企業のいいポジションにいる人や、ベンチャー企業で役員になっている人など、「大学時代に友達もっと作っておけば良かった！」とつくづく思っています。だって、そこから仕事につながるかもしれないじゃないですか。しかも、大きい仕事に！

同じ時間を過ごした仲間って、やはり大事にしますよね。全く同じ能力を持った人が2人いた場合、1人が大学の同級生でもう1人が昨日知り合った人だったら……どちらと仕事するかは明らかです。

税理士も起業直後で大きい夢を持った税理士に10年間、確定申告を依頼していたら……「起業初期は本当に辛かったよね～」とか時々お酒を飲んだりしながら戦友みたいな感じになり、将来お互いに顧客紹介ができたりしたら……。

そしてその時の顧客は、今付き合いのある取引先よりも規模の大きな取引先ばかり！　美味しいぃぃぃぃ！　自分だけで営業するよりも大きな効果が見込めると思います。実際、私は起業初期の仲間でこんな感じで付き合いが続いている戦友がいて、そこから大きな仕事がきたりもしています。そんな税理士が見つかったら、「税理士費用なんてちっぽけなもの！」と思えるのではないでしょうか。

じゃあ、どうやったらそんな税理士と出会えるのか？　これはもう数を打つしかありません。「起業家もウェルカム！」という税理士は初回相談無料で対応してくれるところがほとんどです。たくさんの税理士に会ってみましょう。そして依頼した後に、「なんか違うなぁ……」と思ったら即、チェンジ！　そして仕事仲間にも「いい税理士いない？」と聞きながら、税理士開拓もしていってみましょう。

誰と出会うかで人生は変わります。そして、何回か税理士選びで失敗しても、税理士への依頼料は経費で節税にもなります！

税理士の変更に罪悪感を抱いてしまう人も多いですが、私としてはそんなことを気にする暇があるなら、さっと変更して、自分の事業に集中した方が圧倒的に良いと思っています。

また、例えばあなたの時給が2000円相当だったとしましょう。年間の会計ソフトへの入力や確定申告にかかる時間が100時間だった場合。2000円／時間×100時間=20万円の仕事になります。確定申告を安く依頼しようと思えば、10万円台で十分依頼先が見つけられます。だったら、100時間も確定申告に使うより、その時間で別の仕事をこなしたほうが慣れない税金のことを考えるストレスも減り、お金も増えて一石二鳥です。

さらに、最近は外注先を簡単に見つけられる様々なサイトが誕生しています。

Lancersやクラウドワークスといったサービスを利用すれば、会計ソフトへの入力だけ経理経験が豊富な人へ外注することもでき、税理士へ依頼するよりも安く外注することができたりもします。確定申告書の作成や税金の相談は税理士しか代行してはいけないという法律があるのですが、経理の入力だけであれば税理士資格がない人（だから、時給も税理士より安くお願いできる！）でも代行することが可能です。

苦手なことはサクッと外注先に任せて、自分の得意なことに集中してお金を作っていきましょう！

8

税金の無料相談ダイヤルを利用して節税

これまで本書の中で様々な経費計上の仕方をお伝えしてきました。それ以外にも経費計上について「これ、大丈夫かな?」と頭を抱えたこと、ありますよね。そんな時、サクッと相談できる手段があれば、とても助かりますよね。

実はこんなときこそ、税金を払っているからこそ利用できるサービスがあります。

なんと、**国税局があなたを無料でサポートしてくれるのです。**「国税局電話相談センター」という制度があり、例えば新宿税務署へ電話をかけたとします。すると、自動音声が流れ、全国からの電話相談に対応している国税局電話相談センターにつながり、ここで担当者があなたの税金の質問に答えてくれます。

しかもありがたいことに、匿名で聞くことができます。ですから、「こんなこと聞いて怒られないかな?」とか「電話したことがきっかけになって、税務調査に発展したらどう

税についての相談窓口

電話で相談する（国税局電話相談センターのご案内）

国税局電話相談センターへの接続の流れ

所轄の税務署に電話をかける

▼

音声案内に従い、「１」を選択する

▼

音声案内に従い、相談する内容の番号を選択する

「１」所得税
「２」源泉徴収、年末調整、支払調書
「３」譲渡所得、相続税、贈与税、財産評価
「４」法人税
「５」消費税、印紙税
「６」その他

▼

国税局電話相談センター
国税局の職員につながる

※「番号が確認できません」という音声案内があった場合は、電話機の「トーン切り替えボタン」（「*」・「♯」など）を押してから番号を選択してください。

しょう?」なんて心配は不要です。

もしも、ちょっと電話だけじゃ不安……という場合は、税務署で面と向かって話すこともできます。

一対一でがっつり解説してもらえるので、悩んでいたこともあっという間にすっきりと解決します。利用したいときは、事前に税務署へ電話をして、税務署へ訪問する日程を予約してから行くとスムーズです。

また、日本全国に「税理士会」という組織があります。

この税理士会で税理士に無料で相談することもできます。例えば、「東京税理士会　無料相談」とネット検索すると、東京税理士会のホームページの中の「納税者支援センター」というページが出てきます。ここでは、月曜日~金曜日(祝日等を除く)の午前10時~午後4時までの間、秘密厳守で無料での税理士相談をすることができると案内されています。

こういうサービスをぜひ利用してもらいたいなと思います。

他にも、経理や確定申告をサポートしてくれるシステムはまだまだあります。

確定申告は、自分でやると難しいしとにかく時間がかかりますよね。そんなあなたのために、毎年、確定申告の時期になると、大きなショッピングセンターや公民館などを利用して、無料で申告書の書き方を教えてもらえる制度があります。

この「確定申告作成会場」は、お住まいの地域の税務署内に設置される行政サービスのことで、地域によっては、広域申告センターなどが確定申告の時期になると臨時に開設される場合もあります。

確定申告作成会場では、その名の通り確定申告の必要書類を作成するにあたっての相談や、書類に不備がないかどうかの確認などを行うことが可能です。

さらに、**あなたがしっかりとデータを持参すれば、現場で申告書も作ってもらうことができます**。このような確定申告会場がどこにあるかは、「確定申告会場　令和5年」などと検索してみてください。今、この本の執筆時点ではまだ令和4年度の会場情報が出てしまうのですが、確定申告時期にはその年の申告会場が見れるように更新されているはずです。

無料で使えるサービスをフル活用して、税務の疑問をサクッと解消してください。

9 毎年の「売上」を調節して節税

ここでは売上を調整して節税する方法を2つ、紹介します。

確定申告の対象となる売上は、1月1日〜12月31日の間に確定した売上が対象です。仕事が終わって納品が終わり、請求できる状態になっていたら売上として確定します。

入金が翌年1月以降であっても、12月までに代金を請求できる状態になっていたら、その年の売上として申告する必要があります。

「これ以上稼ぐと、所得税の税率が上がってしまう！」というときは、一部の仕事を来年に回すことで税率が上がらないようにすることができます。本当は今年に確定している売上を来年の売上にしてしまうのは脱税です。でも、実際に仕事が完了し納品・代金を請求できる権利が確定するタイミングが翌年1月以降であれば、来年の確定申告の対象売上となります。個人の所得税の税率は左図の通りです。

個人の所得税率一覧

課税所得	所得税率
195万円以下	5%
330万円以下	10%
695万円以下	20%
900万円以下	23%
1,800万円以下	33%
4,000万円以下	40%
4,000万円超	45%

この図に関して、誤解してしまう方がいるので補足で解説します。

例えば、税金の対象となる所得（＝売上－経費－控除）が500万円だった場合「195万円×5％＋（330万円－195万円）×10％＋（500万円－330万円）×20％＝572500円」が所得税となります。**税率が上がった時、所得全額に対してアップした税率が適用されるわけではないので、覚えておきましょう。**

もう1つは、消費税を意識して売上を調整する方法です。

消費税の計算は、売上が1000万円以下の場合と売上が1000万円を超えた場合で大きく異なります。ここでは1000万円を超えると消費税の負担が大きくなるということを覚えておいてください。

このため、消費税の負担が大きくならないよう、「年間の売上が1000万円を超えそうだ！」という場合は、一部の仕事を来年に回したり、友達に紹介したりすることで売上が1000万円以下になるように調整します。これは実際にやっている方も多い手法です。

消費税負担を軽減でき、友達からは感謝され、別件で仕事を回してもらえるかもしれません。

4章

節税マスターレベル1.5　個人事業になんて税務調査は来ない!?「国税に狙われる人」の共通点

1

個人事業主に税務調査が来る確率は？

では、ここからは、話を税務調査に切り替えましょう！

まずはそもそも「税務調査」とは何なのかを、改めて確認します。税務調査というのは、法人や個人事業主が行った確定申告の内容が本当に正しいのか、税務署が行う調査のことです。

税務調査がやってきて間違いが見つかった場合どうなるかは後述しますが、簡単にいうと、過去に遡って申告漏れやミスのあった税金を払うことになります。

できれば一生遭遇したくないイベントですね。

では、あなたが一生のうちに税務調査を経験する確率はどのくらいあるのか一緒に見てみましょう。

国税庁の発表によると、令和3年度に行われた税務調査のうち、「実地調査」と呼ばれる自宅やオフィスで行われる調査が3万1407件ありました。

ただし、実地調査の件数はここ数年、コロナの影響によって大きく減少していたので、例年の実地調査の件数を調べるならコロナ以前の数値を見たほうが良いでしょう。

次のページの資料（国税庁が公表している税務調査の統計データ）によると、コロナ前であった平成30年度の実地調査の件数は約7万3000件。

これは多いのでしょうか、少ないのでしょうか？

1つの判断基準として、全国のフリーランスは約220万人と見積もられているので、税務調査が家に来る確率は、

220万人÷7万3000人＝30

およそ30年に1回の調査です。確率で言うと約3％。220万人を全員調査するには30年が必要な計算になるので、一生に一度あるかないか、という感じのレベルですね。

ただし、そこで安心するのは少し早いかもしれません。

所得税の調査等の状況（平成30年度）

項目 ＼ 区分	単位	実施調査 特別・一般	対前年比	実施調査 着眼	対前年比	実施調査 計	対前年比	簡易な接触	対前年比	調査等合計	対前年比
1 調査等件数	件	49,735		23,218		72,953		549,684		622,637	
		50,130	100.8%	23,449	101.0%	73,579	100.9%	537,076	97.7%	610,655	98.1%
2 申告漏れ等の非違件数	件	43,464		16,874		60,338		323,570		383,908	
		44,176	101.6%	16,788	99.5%	60,964	101.0%	312,916	96.7%	373,880	97.4%
3 申告漏れ所得金額	億円	5,080		814		5,894		3,143		9,038	
		5,236	103.1%	788	96.8%	6,024	102.2%	3,017	96.0%	9,041	100.0%
4 追徴税額 本税	億円	753		53		806		242		1,048	
		761	101.1%	52	98.1%	813	100.9%	228	94.2%	1,042	99.4%
5 追徴税額 加算税	億円	134		7		141		7		148	
		141	105.2%	7	100.0%	148	105.0%	5	71.4%	153	103.4%
6 追徴税額 計	億円	887		60		947		249		1,196	
		903	101.8%	59	98.3%	961	101.5%	233	93.6%	1,195	99.9%
7 一件当たり 申告漏れ所得金額	万円	1,021		351		808		57		145	
		1,045	102.4%	336	95.7%	819	101.4%	56	98.2%	148	102.1%
8 一件当たり 追徴税額 本税	万円	151		23		111		4		17	
		152	100.7%	22	95.7%	111	100.0%	4	100.0%	17	100.0%
9 一件当たり 追徴税額 加算税	万円	27		3		19		0.1		2	
		28	103.7%	3	100.0%	20	105.3%	0.1	100.0%	3	150.0%
10 一件当たり 追徴税額 計	万円	178		26		130		5		19	
		180	101.1%	25	96.2%	131	100.8%	4	80.0%	20	105.3%

（注）1　平成30年7月から令和元年6月までの間の実績で、いずれも調査等の対象となった全ての年分の合計の計数である。

2　上段は、前事務年度の計数である（上段・下段どちらも、資産課税部門職員の行った調査等の計数を含む。）。

3　「簡易な接触」の件数には、添付書類の未提出に対する提出依頼を行った件数等を含む。

4　追徴税額（本税）には、復興特別所得税額を含む。

5　実地調査の件数は、所得税と消費税の実地調査件数である。

引用：平成30事務年度 所得税及び消費税調査等の状況

実は、税務調査官が家までやってくる実地調査の前段階として、電話や手紙で「ちょっと説明して」と言われる「簡易な接触」という調査形態もあります。

こちらもコロナ前の平常時でみてみると、年間53万7076件の「簡易な接触」が行われています。

そう考えるとやはり、いつ税務調査や簡易な接触があっても良いように、しっかりと申告をすることの重要さが実感できるかと思います。

▽簡易な接触とは？

原則、納税者宅等に臨場することなく、文書、電話による連絡または来署依頼による面接を行い、申告内容を是正するもののことをいいます。

税務調査と違い、申告内容に修正が生じても加算税が生じることはありません。

また、簡易な接触はあくまで税務調査の前段階ではありますが、税務署からの文書や電話を無視したり、適当な回答をしていると税務調査に移行しかねません。

もしも税務署から申告内容に対するお尋ね文書や電話が来た場合は、「よくわからないなぁ」「怖いから見れない！」と躊躇せず、内容を確認してしっかりと自分がどういう経緯で質問されていることに対して確定申告していたか回答するようにしましょう。

ちなみに、税務調査で狙われやすい人にはどんな特徴があるのかは次の項以降で説明していくのですが、税務署は完全に狙いをつけて来ているわけではなく、ランダムに来ることもあります。

それと、よく勘違いしている人がいるのですが、税務調査が来たから「悪い人」になったわけではありません。

実際に、先ほどの表を見てみると、税務調査の件数7万3579件に対して、実際に申告漏れが指摘され、税金を払った「申告漏れ等非違の件数」が6万964件となっていることがわかります。

逆に見れば、「約1万3000件が税金を1円も払わずに調査を終えた」と言えるのです。

税務調査は来たけど、確定申告の内容は正しかった、つまりは「税務署に何も問題がないと判断された」ということです。

「税務調査＝追徴課税」ということが確定しているわけではなく、仮に調査になっても適切な対応ができれば、1円も税金を払わずに済むことも、このように普通にあります。

ですから、仮に税務調査になったとしても落ち着いて対応していきましょう。

とはいえ、最初から税務署に目をつけられないのが何よりではあるので、本章では私が実際に税務調査に立ち会った経験をもとに、税務調査で狙われやすい人の特徴と対策をお話ししていきます。

ぜひ、あなたにも参考にしてもらえると嬉しいです。

2

税務署が重点的に狙っているのはこんな人！

さてさて、税務調査で狙われる人の特徴にはどんなものがあるか、いくつか例をあげて説明していきましょう。世の中にはこんな申告をしてしまっている人がいるのかと驚かれるかもしれませんが、本当にいるのです。

特徴1：「それで本当に生活できていますか？」という確定申告をしている人

例えば、年間の売上500万円で利益200万円。でも住宅ローンの年間支払額は150万。これでは、実質生活費に使えるお金は年に50万円しかありません。

そうすると税務署も「年間50万円でどうやって生活しているの？」と、首をかしげることになります。「本当はもっと売上があるのでは？」「プライベートな支払いまで経費にして、利益をワザと減らしているのでは？」と税務調査でチェックしたくなってしまいます。

先ほど、税務調査の確率は約3％と紹介しましたが、こういう怪しい申告書が税務調査では優先され、調査が来る確率も跳ね上がってしまうのです。

特徴2：申告漏れが多い業種

次のページの図をご覧ください。こちらも国税庁が公表している税務調査のデータです。ここでは、税務調査の結果、申告漏れ（売上の漏れや経費の水増し等）が多かった業種トップ10が紹介されています。

1位、2位の風俗業やキャバクラは現金商売で売上を誤魔化しやすいことから、ついつい税金を減らしたくて申告を誤魔化す誘惑に駆られやすい業種です。そして、実際に誤魔化してしまう人が多いため、税務調査でも狙われやすいです。

また、3位、4位の経営コンサルタントやシステムエンジニアは売上のわりにほとんど経費を使わない業種の代表格です。このため、所得税が高額になりがちで税金の負担感が大きく、ついついプライベートなものまで経費にしてしまったり、経費を水増ししてしまう心理が働きやすい業種でもあります。

事業所得を有する個人の1件当たりの申告漏れ所得金額が高額な上位の業種（平成30年度）

順位	業種目	1件当たりの申告漏れ所得金額	1件当たりの追徴税額（含加算税）	直近の年分に係る申告漏れ割合	前年の順位
位		万円	万円	%	位
1	風俗業	2,685	727	91.5	2
2	キャバクラ	2,278	497	92.9	1
3	経営コンサルタント	2,045	483	28.4	-
4	システムエンジニア	1,339	219	60.6	4
5	特定貨物自動車運送	1,257	185	64.8	12
6	不動産代理仲介	1,189	392	31.3	3
7	貨物軽車両運送	1,186	136	67.7	-
8	ダンプ運送	1,147	165	54.3	10
9	畜産農業（肉用牛）	1,133	248	31.3	-
10	機械部品受託加工	1,119	185	42.7	-

（注）1 上記調査事績は、特別調査及び一般調査に基づく実施結果である。

2「直近の年分に係る申告漏れ割合」は、

$$\frac{（申告漏れ所得）}{（調査前所得）+（申告漏れ所得）}$$ で算出している。

3「前年の順位」は、事業所得を有する個人の前年の1件当たりの申告漏れ所得金額が高額な上位20位に該当するものについて、その順位を記載している。

4 3位の「経営コンサルタント」は、平成29事務年度以降、業態に合わせて管理を細分化したことに伴い初出したもの。

引用：平成30事務年度 所得税及び消費税調査等の状況

なぜ、税務調査で目をつけられやすいかというと、多くの方は真面目に確定申告をしています。すると、同業者の確定申告書よりも経費を多めにつけてしまうとすぐに、「あれ？　同業者よりも経費が多いぞ！」と税務署に目をつけられやすく、税務調査の対象になりやすい業種になっています。

税務調査に狙われやすい業種は後ほど詳しく説明するので、併せて参考にしてください。

特徴3：毎年1000万円以内に売上を調整している

インボイス制度が始まる前は、年間売上が1000万円を超えると、その2年後から消費税も納税義務が発生し税負担が大きくなることから、「売上1000万円を超えたくない！」という心理が働きやすくなる状況でした。

このため、毎年の売上が950万円、970万円といった具合に絶妙に消費税の対象にならないような申告をしていると、「消費税を逃れるために売上を減らしていないか？」という視点で税務署が見てきます。

実際に、このような売上の推移の方に税務調査が来たことがあり、結果として、売上は正しく申告漏れもなかったのですが、絶対に1000万円超えてないか見るためにチェックしにきたよなぁ、というような税務調査もありました。

特徴4：社会のビッグウェーブに乗った人

業種によっては天災や社会現象などで、特需が発生し、突如お金がドバーッと入ってくることもあります。

例えば2018年に起こった大阪北部地震では、大阪府北部を震源に最大震度6弱の揺れが京阪神の都市部を襲い、6万棟を超える住宅が被災しました。府北部では住宅の瓦が落ち、屋根はブルーシートに覆われました。さらに、その年の9月には台風21号の被害もあり、損壊した住宅の改修需要が発生。

被災家屋の修繕などを請け負った約80の建築業者らに対し、大阪国税局が総額約7億9000万円の申告漏れを指摘していたことがニュースにもなりました。「復興特需」に沸く業者に集中的に税務調査を行った結果、売上を少なく見せて申告するなどの税逃れが見つかっています。

また、世間を騒がせたコロナウイルスの影響により儲かった業界があります。その1つが「巣ごもり需要」が増加したペット業界で、犬や猫を販売目的で飼育する滋賀県のブリーダー6人が、大阪国税局の税務調査を受け計約2億3500万円の申告漏れを指摘されたこともニュースになりました。

うち1億6000万円は所得隠しと認定され、重加算税を含む追徴税額は計約7800万円となっています。


このように、税務署は申告書をあなたが思っている以上にしっかりと見ているのです。お金の動きがちょっと変だなと思ったら、容赦なく指摘をされます。

ですから、しっかりと正確な申告を心がけて、税務署から怪しいと思われることがないように気をつけましょう。

「バレないだろうしいいか」ではなく、「万が一税務調査が来ても大丈夫にしておこう」という姿勢でいれば、何も心配はいりません。

3

税務調査が来ると平均〇〇〇万円の税金を払う！

では、税務調査がくると実際にどのくらいのお金を払うことになるのでしょうか？

国税庁が公表している資料によると、令和3年度には1件当たりの追徴課税額が約256万円でした。

ちなみに、私が関係した個人事業主の方の税務調査で最も追徴課税が大きかった方は1億円を超えています。その一方で、最も少なかった方は0円でした。ですので、256万円はあくまで平均値なのですが、多くの人にとって、これはかなりの大金となるのではないでしょうか。

また、1億円を超えると、テレビや新聞沙汰になる確率が跳ね上がります。インバウンドの波に乗り大阪城公園でたこ焼きやソフトクリームなどを販売していた露店が3年間で5億円以上の売上があったにもかかわらず、無申告だった事件がニュースになりました。

そして、3億3000万円の所得を隠し、1億3200万円を脱税したとして店主（72歳）が大阪地方検察庁に告発されています。ネットで検索すると本名まで公表されてしまっています。露店は1件当たりの取引額が大きくなく、売上も現金売上でレシートや領収書を発行しないことが普通であり、いくら売り上げているのかなんてバレないと油断していたのかもしれませんが、それでも税務署はよく見ているんですね。

さて、税務調査が始まると、最初は直近3年間の確定申告の内容がチェックされます。売上のチェックのために請求書や領収書、通帳の入出金、経費のチェックのために領収書やレシート、帳簿がじっくりチェックされます。

そして、チェックした結果、「脱税してる！」と認定されると調査期間が7年間に延長され、ペナルティの税金も重くなります。

ちょっと怖くなる話が続いてしまいましたが、普段からしっかり備えておけば、何も怖がる必要はありません。税務調査は、税金が取れそう（申告が間違ってそう、脱税してそう）な人を中心にチェックしています。正しくしていたら、フリーランスなら税務調査の確率は3％以下です。そして、調査が来ても、「あなたは正しく申告しています！」と税務署も認めてくれ、税金0円で税務調査も終わるので安心してください。

4

「経費が多すぎる人」は狙われやすい

国税庁のHPでは、税務調査の結果、多く追徴課税がとれた業種のトップ10を公表しています。ここでは最新のランキングを見ていきましょう。

これによると最も追徴課税が生じたのは、

1位　経営コンサルタント
2位　システムエンジニア
3位　ブリーダー
4位　商工業デザイナー
5位　不動産代理仲介

事業所得を有する個人の1件当たりの申告漏れ所得金額が高額な上位10業種（平成30年度）

順位	業種目	1件当たりの申告漏れ所得金額	1件当たりの追徴税額（含加算税）	前年の順位
位		万円	万円	位
1	経営コンサルタント	2,266	611	7
2	システムエンジニア	2,150	519	11
3	ブリーダー	2,136	518	8
4	商工業デザイナー	1,752	410	10
5	不動産代理仲介	1,656	453	9
6	外構工事	1,517	254	-
7	型枠工事	1,507	239	-
8	機械部品受託加工	1,507	319	-
9	一般貨物自動車運送	1,493	195	14
10	司法書士、行政書士	1,440	358	-

（注）1 上記調査事績は、特別調査及び一般調査に基づく実施結果である。
2 「前年の順位」は、事業所得を有する個人の前年の1件当たりの申告漏れ所得金額が高額な上位20位に該当するものについて、その順位を記載している。

引用：令和3事務年度 所得税及び消費税調査等の状況

となっています。

これを見て気がつくと思うのですが、1位の経営コンサルタント、2位のエンジニアともに基本的に「仕入れ」という概念がない業種ですよね。

つまり業種によって「この程度が経費だよね」という基準値があるのでそこを超えるとかなり狙われやすくなるのです。

例えば、システムエンジニアの方の税務調査をサポートする際、よくこんな状況になっています。

税務署の気持ちになって想像してみてください。100枚の申告書があります。全員売上は700万円です。そして、99枚は利益が550万円です。残り1枚だけが利益が300万円です。「この300万円の申告書、怪しい!」となりませんか? こういう視点で税務署はチェックしています。

ただし、システムエンジニアだけど本当に経費を多く使う方もいるかもしれません。本当に経費を多く使った結果、利益が300万円だよということであれば、税務調査できちんと説明していけば、追加で払う税金は0円でちゃんと税務調査は終わりますのでご安心ください。

税務調査が来る人、来ない人

	同業者	調査が来る人
売上	700万円	700万円
経費	150万円 ↔	400万円
利益	550万円	300万円

　また、表では1位が経営コンサルタント、2位がシステムエンジニアとなっていましたが、コロナ以前は常に風俗系やキャバクラといった業種が上位にランキングされていました。

　しかし、コロナ緊急事態宣言により営業停止していた期間で売上も減ってしまったことからコロナ期間中は調査対象から外されていることがわかります。

　このように社会の変化によって調査先も変化していっています。

5 「家や高級車を買うと税務調査が来る」ってホント？

盲点になりやすいのですが、家を買ったことがきっかけに、税務調査が入ることもあります。

あなたが家を購入すると、法務局に登記されるのですが、その情報がちゃんと税務署にも届くようになっています。

そして、税務署からは次のページのような郵便が届きます。

ここでは、職業や年収、買った不動産の情報、買った金額、そのお金はどうやって用意したか（貯金、借入など）などを記入して回答することを求められています。

例えば、5000万円の家を現金で買ったとしましょう（極端な例ですが、わかりやすくするために）。

お買いになった資産の買入価額などについてのお尋ね

（不動産等用）

番号	K		

項目	照会事項	回答事項							
1 あなたの	職業		年齢	歳	2 共有者の	住所			
	資産を買い入れた年の前年の所得	所得の種類（○で囲む）	年間収入金額 千円			氏名		あなたとの続柄	
		事業、農業、給与、不動産 その他（　　）	年間所得金額 千円			職業	年齢 歳	持分割合	／

項目	所在地	種類	細目	面積
3 買い入れた資産の				㎡
				㎡

売主の住所氏名等	住所（所在地）		氏名（名称）		あなたとの関係		
買い入れの時期	契約　年　月　日（登記　年　月　日）	資産の利用状況（用途を○で囲む）	居住用・事業用 賃貸用・その他	（賃貸用の場合）	貸付期間（見込）　年　月 賃貸料月額（見込）　円		
買入価格	円	売買契約書の有無	有・無	土地の上に建物があり、土地と建物の所有者が異なる場合、その建物の所有者の	住所		
					氏名		あなたとの関係

項目	支払項目	金額	支払年月日	支払先住所（所在地）	支払先氏名（名称）
4 関連費用	登記費用	円	・　・		
	仲介手数料	円	・　・		
		円	・　・		
	合計額	円		ほか未払金	円

項目		金額	預貯金等の種類	預入先	名義人氏名	続柄
5 支払金額（合計額）の調達方法	預貯金から	円				
		円				

	金額	借入先の住所氏名等				借入名義人の氏名（続柄）
借入金から	円	住所				（　　）
		氏名		続柄		
	円	住所				（　　）
		氏名		続柄		

	売却年月日	金額	売却資産の名義人	売却した資産の所在地	種類	数量	譲渡所得申告の有無	申告先税務署名
資産の売却代金から	・　・	円					有・無	税務署
	・　・	円					有・無	税務署

	受贈年月日	金額	贈与者 住所	氏名	続柄	贈与税申告の有無	申告先税務署名
贈与を受けた資金から	・　・	円				有・無	税務署
	・　・	円				有・無	税務署

その他から	円	給与・賞与・手持現金・その他（　　）
合計	円	

備考欄	令和＿年＿月＿日に＿＿＿＿税務署へ回答済み。	（その他）

以上のとおり回答します。　　　　令和　　年　　月　　日

住所＿＿＿＿＿＿＿＿＿＿＿＿　氏名《フリガナ》＿＿＿＿＿＿＿＿

電話（　　　）

作成税理士	氏名		電話	（　　）

でも、年収が300万円だったとします。

すると、

「どうやって5000万円ものお金を貯めたの？」

「親からお金をもらった（贈与税がかかります）のに申告してないのでは？」

「年収300万円という確定申告が嘘なのでは？」

といった疑念が生じ、「税務調査に行ってみようかな？」

と思われてしまうのです。


また、高級車も税務調査の際に怪しまれやすいです。

例えば、毎年の確定申告書上の利益が300万円だったとしましょう。

しかし、実際に税務調査で家を訪問してみたら1000万円のベンツが置いてあったとします。

「どうやってベンツ買ったの？」

「誰かから譲り受けたの？」

「300万円の利益と言っているけど、売上の漏れや経費の水増しでお金を不正に貯めているのでは？」

と疑われてしまうわけです。

このように、家や高級車から確定申告の内容を疑われることもありますが、きちんと申告していれば税務調査が来ても何も恐れる必要はありません。

繰り返しになりますが、税務調査は税金を取れそうな怪しい方中心に行われますが、申告漏れなし！　税金も0円！　という調査結果になることも普通にあります。

6

脱税の密告(チクリ)で税務調査が来ることも……!?

さて、税務調査がくるきっかけの1つに「密告」があります。

あまり知られていませんが、実は税務署に対して、「この人脱税をしているんです!」と密告をすることができるのです。

「課税・徴収漏れに関する情報の提供」とGoogleで検索すると、最初に国税庁のサイトが出てきます。そこには、情報提供に関するフォームが用意されており、入力して送信することで密告する(チクる)ことが可能です。

さらに、脱税や帳簿操作、架空の領収書の発行などの不正行為の事例など、過去にあった情報提供の事例も記載されています。

その他に投書や電話、税務署の窓口で直接伝えるなど、密告の方法は様々です。

これらの密告に関しては、税務署の総務課が対応しています。

このように一見すると簡単そうに見えますが、密告をする際には注意が必要です。実は、税務署の方に聞いたところ、かなり多くの密告があるそうで、ただの妬みや僻みから「あいつは絶対に脱税しているから調査してください！」というような証拠が不確かな密告も多いそうです。

これでは税務署も動けないため、密告するにあたっては脱税の証拠を提供できると税務調査に発展しやすくなります。

たとえば、飲み会で脱税について話していたという場合、その時の音声を録音して保管するといった具体的な証拠があると、税務署もその情報を軽視するわけにはいかなくなるでしょう。

また、報告する際には、相手の名前や住所、隠し帳簿の場所など、具体的な情報を提供する必要があります。もしあなたが、脱税をしている人を知っていて、証拠もある場合は、情報をまとめて税務署の総務課などへ提出すると、税務署が動き始めます。

ただし、密告は匿名でもできますが、誤った情報や根拠のない密告は避け、責任ある行動を心がけてくださいね！

7

税務調査が来て逮捕されるケース

私の税理士事務所には、しばしば「税務調査がくるんですけど、僕って逮捕されますか?」という電話がかかってきます。

その人たちの申告漏れというのは大体、毎年数百万円くらいの方が多いのですが、ひとまず安心してください。

数百万円レベルでの申告漏れで逮捕されることはまずありません。

税務調査には大きく2種類あります。

1つ目は、税務署が行う通常の税務調査で事前に連絡があります。

もう1つは、「査察」と呼ばれる調査です。国税庁の資料によれば、「査察制度は、悪質な脱税者に対して刑事責任を追及し、その一罰百戒の効果を通じて適正・公平な課税の実現と申告納税制度の維持に資することを目的」としています。

要約すると、「悪質な脱税者を逮捕して見せしめにする！　結果、みんながちゃんと申告するようにする！」という感じでしょうか。

先ほど、大阪城公園のたこ焼き屋さんの税務調査を紹介しました。あの時の税務調査は、まさにこの査察でした。

そして告発され、マスコミからも報道され、72歳にして1億3０００万円の税金を課せられるという事態に発展しています。


逮捕される可能性があるのは、このような査察が来たケースになるのですが、まずは査察がどのくらい行われているのか見てみましょう。

次のページの上の図は国税庁が公表している資料になります。令和2、3年度はコロナの影響で件数が減っていますが、それでも毎年150件程度の査察が行われています。そして、70％前後の確率で告発されています（脱税犯として訴えられています）。

着手・処理・告発件数、告発率の状況

項目＼年度	平成30	令和元	2	3	4
着手件数	件 166	件 150	件 111	件 116	件 145
処理件数(A)	182	165	113	103	139
告発件数(B)	121	116	83	75	103
告発率(B/A)	% 66.5	% 70.3	% 73.5	% 72.8	% 74.1

脱税額の状況

項目＼年度		平成30	令和元	2	3	4
脱税額	総額	百万円 13,999	百万円 11,985	百万円 9,050	百万円 10,212	百万円 12,760
	同上1件当たり	77	73	80	99	92
	告発分	11,176	9,276	6,926	6,074	10,019
	同上1件当たり	92	80	83	81	97

(注) 脱税額には加算税額を含む。

引用：国税庁 令和4年度 査察の概要

では、次に査察を受けた方達がどのくらい脱税していたのかも見てみましょう。

右のページの今度は下の図をご覧いただきたいのですが、同じく国税庁の資料によると、1件当たりの脱税額が1億円近くなっています。

税金ベースですので、利益ベースにすると2億円近くになると推測されます。査察は3年間の確定申告をチェックしますので、1年当たり5000万円以上の利益を誤魔化しているケースで査察に入られているのかなと推測ができます。


もちろん、査察が来ない（逮捕されない）なら、来ない範囲で脱税してもいいという話ではありません。

「税務調査が不安だ〜」という方からよくされる質問なので紹介してみましたが、逮捕されるかどうかを気にする以前に、確定申告はちゃんとしましょうね。

8

税務調査が来て人生が終わった人の話

さて、税務調査で申告漏れを修正するだけで済めばいいのですが、中には人生が終わるレベルの影響を受ける人もいます。ここでは、「あぁ……」と思わず見ていて天を仰いでしまった実例を紹介したいと思います。

❶もう働けない状態で払えない税金を課される

とある方から電話で税務調査の相談をされました。税務調査の連絡が来てしまったが、今は病気を患っていて仕事もできない状態（70代男性）。話を聞いていくと、去年までは仕事をしていたそうですが、無申告状態。ざっくりと払うことになるであろう税金を計算してみると2000万円ほどになります。

病気は治る見込みがなく、年金生活でどうやって税金を払っていくのだろう、と電話でお話ししながら思ってしまったことがありました。このようなケースでも脱税していたらちゃんと税務調査は来ます！

❷税務調査がきっかけで離婚

これも実際にあった事例ですが、税務調査がきっかけで一括では支払えない数千万円に上る税金の支払いが確定してしまいました。

支払う税金を捻出するため、引っ越しや車の売却など生活水準を見直す必要が出てきます。結果、奥様にも脱税していたことがバレてしまい、最終的には離婚に発展したケースがありました。

❸水商売が家族にバレてしまったケース

これは何件も目撃してきました。税務調査が来てしまい、「助けてください！　何とか家族にはバレないように調査を終わらせてください！」と依頼を受けたことが実は何件もあります。

結婚前に働いていた水商売の収入が無申告だった方や、大学生で風俗で働いていたが収入が無申告だった方などいろんなケースがありました。

「源泉徴収されていたので、確定申告はいらないと思っていました」など理由は様々ですが、税金を払うことができれば家族には秘密のうちに終わらせられる可能性もありますが、当時のお金はもう残ってないという時や税務調査の現場（だいたい家に来ます）を目撃され、家族に発覚してしまい……という流れで壊れてしまう家庭もありました。

❹新聞沙汰になってしまい、倒産

取引先からの信用を失い、全ての取引が停止となり倒産してしまった方もいました。同じようなケースで、脱税していたことが取引先にバレて取引停止になったという話は時々あります。

これらのケースで影響が大きいのが、税金を払えずに〝差し押さえ〟をされた場合です。

これ、「今から差し押さえをしますね」というアナウンスがあるわけではなく、ある日突然やってきます。で、預金口座を見たら「あれ？　残高がゼロ!?」という状態に。

それをきっかけに家族にもバレてしまって、仕事でも取引先との信用も地に落ちる……。

あれよあれよという間に人生が下り坂になってしまいます。

さて、いくつか税務調査の結果、人生が台無しになってしまった方の例を紹介してみました。

ほとんどの方には無縁の話かと思いますが、税務署は脱税している人からは容赦なくしっかりと税金を取っていきます。でないと、真面目に確定申告している私達が馬鹿みたいに思えてきてしまいますから、当然と言えば当然ですね。

脱税している人達は税務署にお仕置きしてもらい、私たちはしっかりと合法的に節税していきましょう！

Column

もし、税務調査が来てしまって不安なときは?

これはもう、税務調査を専門に対応している税理士へ依頼するのが一番です。税理士にもいろんな税理士がいます。起業家のサポートが得意な税理士、相続税の節税が得意な税理士、税務調査のサポートが得意な税理士などなど。病気になった時に、内科、外科、耳鼻科、肛門科など自分の症状にあった病院に行きますよね。同じように税理士にも得意・不得意があります。

税務調査は年間、個人・法人合わせて17万件前後行われています。これに対して、税理士は全国に約8万人。単純計算で1人の税理士が年2件の税務調査に対応している計算になります。このような状況の中、税務調査のサポートをしている税理士は実際は年間30件以上対応していたりします。その差は、言うまでもないですよね。

また、税理士の中には、税務調査をする立場だった元税務署や元国税局で働いていた経験を持つ税理士もいます。「国税OB税理士」と言われる人達で、税務調査の経験数は圧倒的です。私が経営する事務所にも国税OB税理士や、税務署長まで経験された方もいます。税務調査の話をしていると、私（一応、税理士です）のレベルなんてしょぼいなぁ（OBの能力、やべぇなぁ）と思わされています。

このような違いがあるので、依頼したいような緊急事態が発生した時は、「税務調査専門　税理士」などと検索してみましょう。そして、相談にのってくれた税理士に、「私と同じ状態の税務調査に対応したことありますか?」「これまで何件対応されてますか?」といった質問をしながら頼っても良さそうか、何社か話を聞きに行ってみることをおすすめします。

5章

節税マスターレベル2　1億円貯めた税理士が「自らやっている」節税対策

1 銀行からお金を借りて節税

さて、ここから本書で一番大事な話をしていきます。「経費を無限に増やしながら節税して、手元に残るお金を増やしていく方法」を私が1億円貯めた実体験をもとにお話ししていきますね。

税理士の仕事をはじめて最初の3年間は、ほとんど税金を払っていませんでした。特に、1年目は売上800万円で税金（＝納税額）は0円でした。2年目も売上3000万円でしたが税金は0円でした。

起業当初、私が考えていたことを正直に告白すると、

・一刻でも早く、年収1000万円欲しい！
・自分で交流会等に参加して営業するのダルい！

・お客さんの経理代行や申告書作成、自分ではやりたくない！（スタッフに任せたい）

というとてもズボラで調子のいいことを考えていました。しかし、税理士の経験ゼロで税理士事務所を開業してしまった私は営業方法も確定申告書の作り方もろくに知りませんでした。でも、「最短で年収1000万円が欲しい！」と思っていたので、すでに年収1000万円以上稼いでいる税理士が主催するセミナー・勉強会を探しては、「どうやって年収1000万円以上稼げるようになったのか？」について情報収集していました。

そんななか、とある税理士が販売していた「HPで年間1000万円以上、仕事を受注したノウハウ」「5年で年商1億円を達成するノウハウ」といった教材が30万円とか50万円とかで販売されているのを見つけては、どんどん買っていました。**起業して1年目、売上が800万円なのに、こういう教材とか情報収集に200万円くらい使っていました。**そして「ホームページも作らないといけない！」ということでさらに100万円使ったり……どんどん経費が膨らんでいきました。結果、1年目は赤字となり税金も0円！ 限界を超えて節税することができました（笑）

でも、事業としては「赤字」です。起業する時に「300万円あればなんとかなるだろう！」と思っていた貯金は半年で生活費と事業の経費で消えてなくなりました。会社員時代は毎月決まって入ってくるお給料の中で生活していれば良かったのですが、事業を始めると先にガンガンお金が出ていきます。そして、売上を増やそうと思うほど、出ていくお金も大きくなります。

そんな時に利用したいのが、銀行融資です。実は、起業直後が一番お金を借りやすかったりします。過去の実績がないため、「これからこんなふうに事業を伸ばしていきます！」という計画ベースで起業を応援している日本政策金融公庫などからお金を借りたりできるからです。

先ほど書いた、成功している税理士から買ったノウハウも、銀行から借りたお金で買っていました。会社員時代に30万円とか50万円とか月給を超えるような買い物なんてしたことがなかったので、「借金返せなくなったらどうしよう……」と不安も大きかったですが、成功している人のノウハウをマネできると、試行錯誤している時間も減らすことができ、結果が早く出やすくなります。借金してでも情報収集にお金を使ってよかったなと思います。そしてその結果として1年目は税金0円となって、税金の負担感も全くありませんでした。10年後には資産1億円を作れたので、当時の借金は「いい借金」だったなと思っています。

それでも「借入は怖い！」という方もいるかもしれませんので、1つ借金返済のプレッシャーが減る方法を紹介します。例えば、銀行から500万円を運転資金として借りたとします。返済期間はほぼ7年です。1年当たり75万円前後の返済です。この返済の負担感を減らす方法を紹介します。

500万円借りて250万円は別口座に移し、借入金の返済の資金にあてます。すると3年半は借りたお金で返済していけばいいので、返済の負担感が減ります。そして3年半後に銀行に借換えをお願いします。残りの借金250万円を7年で返済するように借換えをします。すると、年間の返済は35万円前後（月3万円程度の返済）に減ります。お金を借りてからの3年半で必死に売上を増やしておけば、借換え後の返済の負担も減ります。

このやり方なら「自己資金だけ」で自分の売上を増やそうとするよりも、人脈づくりや、広告、外注探しやスタッフ採用へ投資をしていくことで、結果が早く出せます。そして、結果が出てくると銀行は「お金をもっと借りてください！」とあなたのビジネスをもっと応援してくれるようになります。

このように起業初期の苦しい時期、銀行からの借入も利用しながらビジネスを拡大できたら、お金がないときほど自己資金以上に経費も使って税金を減らしながらビジネスを成長させることができますよ！

2 セミナーに参加しまくって節税

私は税理士の仕事をしていたため、いろんな人の稼ぎ方を見てきました。中には本当に「え、そんなことでそんなに稼げるの！」「税理士なんかより、ずっと簡単に儲かるじゃん！」「自分もやりたい！」と思うような稼ぎ方をしている方達にたくさん出会ってきました。ここで本気でお伝えしたいことは、集客方法や営業エリアを変えるだけで収入が激変することがあるということです。努力する場所の選択で人生は劇的に変わります！

同じ努力をするなら、100万円稼げるより1000万円稼げるほうを誰でも選択するはずです。そんな「稼ぐための情報」を集めるためにしてほしいことが、セミナーや勉強会に参加することです。

もちろん、本業を伸ばすために払うお金なので「経費」にもなります。いろんなお金の稼ぎ方を知りたくて、私はこれまでセミナーだけで1000万円以上の経費を使い、

300万円以上の税金を節税してきました。

ちなみに、これまで参加してきたセミナーには、「EC事業の立ち上げのセミナー」「自己啓発系のセミナー」「Webマーケティングを学ぶセミナー」「コピーライティングを学ぶセミナー」「税理士向けの真面目な税金のセミナー」「働かなくていい経営者になるためのセミナー」「工務店立ち上げセミナー」「脳梗塞リハビリ事業開業セミナー」など、税理士向けのセミナーだけでなく、稼げる方法が学べるなら異業種のセミナーにも積極的に参加していました。

ここで1つ、効率的に稼げるセミナーと出会う方法を紹介します。

最初はどのセミナーがいいのか、全くわからないと思います。そんな時は、とりあえず興味が湧いたセミナーに参加してみましょう。そして、**同じセミナーに参加している仲間に、「今までに、このセミナーよりもっと面白いセミナーありましたか？」と聞いてみることです。**

これを繰り返していくとより良いセミナーに出会えるようになります。

そうやって聞いてたどり着いたセミナーは面白いものばかりで、セミナー自体が勉強になるのはもちろん、講師の話し方やクロージングのかけ方なども全てが勉強になり、家で一人でビジネス書を読むよりも、飛躍的にあなたの意識と収入の桁を変えてくれます。

ただ、起業初期だと特に人脈や情報の重要さに気がつく人は少なく、「とにかく目の前のことを頑張ります」「商品のクオリティを上げれば自然とお客様はくるはず」というスタンスの方が多いです。

その考えだとビジネスが成長するスピードが遅くなりがちです。

それよりも成功している人から学ぶことが一番早いです。コツコツ努力するのも大切ですが、人脈・情報に惜しみなく課金し（全て経費で節税になるし！）、お金が不安な時は銀行融資も利用して手元資金を厚くしてビジネスを加速させましょう。

私が今まで参加して一番高額だったセミナーは半年間で200万円のセミナーでした。

参加を決めるとき、申込用紙を書く手がプルプル震えていた記憶があります。

しかし、このセミナーに参加した後でわかったことですが、講師の方がすごかったのはもちろん、参加しているメンバーも200万円を払える人たちが参加しています。すでにビジネスで結果を出している人たちが多く、いろんな情報も得られますし、「この仕事をお願いします！」と高単価な仕事の依頼が来たり、「一緒に事業やりましょう！」とコラボの話に発展して、新たな収入の源が作れたりしました。

「自分の年収＝身近にいる人5人の平均年収」

なんて言葉をご存じでしょうか？　実際にビジネスをやっていると、普段どんな人と接してどんな情報を手に入れているか、そしてどんなマインドを持っているかは想像以上に大きな影響をもたらすものです。

この論理でいけば、年商１０００万円以下の個人事業主とだけお付き合いをしていたら、身につくのも年商１０００万円以下のマインドです。でも、年商10億の社長の友達が５人いたらどうでしょう？　自分のマインドも自然と大きく、大胆なものに変わっていきます。そして、その環境が10年続いたら、その差はもう埋めきれないくらい大きくなります。

だからこそ、お金をかけてでも情報を集めて、少しでもいい人脈にリーチすることを、起業初期は頑張ってほしいと思うのです。

そして、このような情報収集や人脈作りのためのお金は全て経費です！　使おうと思えばいくらでもお金は使えるので、無限に経費を生み出せるようになります。

3 Googleへお金を払って節税

起業したての方にこそ、積極的にやってほしいお金の使い方があります。それは、広告宣伝費を使って積極的に営業していくこと。ここでは、広告宣伝費を使って節税しながらお金を増やす方法を2つ、紹介したいと思います。

❶すぐにやれるけど、やっている人が少ない紹介料制度

自分の友人・知人に「お客さんを紹介してほしいんだ」と頼み、実際にお客さんが紹介され成約した際にお礼として紹介料を払うという方法です。この場合もちろん、成功報酬として支払ったお金は、「経費」に計上することができます。ビジネスを上手に広げている人達は、みんなお客さんを紹介してくれたら紹介料をバックするという仕組みを導入しています。上場会社でも紹介料制度がある会社があるくらいです。

ただお客さんが来るのを待つのではなく、自分でお金をかけてどんどんお客さんを取りに行くことができるようになると、収入の桁が変わります。

❷広告をマスターすると自由に経費を生み出せます！

例えば、GoogleやYahoo!といった検索エンジン広告、SNS広告など広告費を払ってビジネスを拡大することができるようになると、経費を調整し税金をコントロールできるようになります。

実際に、私がどんなふうに広告費を活用してきたかの話をさせてください。

私は起業前、トヨタ自動車で働いていて税理士事務所に勤務していた経験がありませんでした。そのため、最初に税理士事務所を立ち上げた時、他の税理士がどんなふうに集客しているのかが全くわかりませんでした。

そこで少しでも情報収集するために新人税理士の歓迎会みたいなところに行きました。そこで「新人の税理士は、3年間はまともに食えないから覚悟を決めて頑張れ」ということを言われたのです。

それを言われた私が、「よし、3年間は歯を食いしばって、何がなんでも頑張ろう！」

と思うわけもなく、ただただ、「時間のムダだな、馬鹿じゃないのか？（先輩に対してものすごく失礼ですが……）」と思いました。

しかも、その場にいた多くの税理士の方が、「税務だけではなく、経営のアドバイスもします」といったことを掲げているのに、一方で本業の税理士業で起業して最初の3年間も飯が食えないなんて、矛盾していると感じたのです。

そこで、地道に営業活動しても駄目だと思い、ホームページを作って広告をかけることにしました。当時税理士でホームページを作って、そこに広告をかけている人は少なかったので、正直最初は怖かったのですが、でもこれが当たりました。

このWEB広告は人を呼ぶ集客マシーンとなり、大体1万円の広告費で10万円の仕事が取れるような状態になりました。

「やっぱり3年も待たなくて良かった。みんな、『お金の使い方』がわからないから集客もビジネスもうまくいくまで時間がかかっているんだな」これが、そのときに率直に思ったことです。

さて、「広告費をかけると自然と売上が増える」という流れを一度作ることができると、集客をコントロールできるようになります。

例えば、「今月はもっと売上を増やしたいな」と思った月には、広告費の予算をあげればいいし、一方で「もう今月はだいぶ集客はできたし、ここで広告費をかけなくてもいいな」と思ったときには、広告を止めてしまえばいい。まるで、蛇口をひねって水量をコントロールするかのように、集客を思いのままにできるようになったのです。

初めのうちは私のようにかけた広告費が10倍になって戻るなんて状態は難しいかもしれません。**ただ、失敗してもかけた広告費は全部「経費」になります。**

最初はテスト的に小さく広告をかけて、広告をかけるキーワードの選び方や、広告文の書き方がわかってきたら徐々に広告費をあげていくと良いでしょう。

ちなみに私は今でも多い月は月間で１０００万円ほど広告費をかけています。「このままだと税金が多額に発生しそうだ！」というときも、決算月に広告費をかけます。経費を増やし節税しながら、来年の売上を作ることができるので、いろんな節税手法の中で一番効果的だと思っています。

ぜひあなたにも、広告を使って節税しながらビジネスを大きくする方法を身につけてもらえたら嬉しいです。

4

外注費を利用して節税

仕事が忙しくなってくると、売上も利益も増えて税金まで増えます。そして、最も大切なあなたの時間がどんどん減っていきます。私も起業初期は1日15時間くらい働いていました。

ただ、ビジネスを自分一人の力で伸ばしていくのは限界があります。そこで積極的に活用していきたいのが外注費です。そして、たくさんの方の確定申告を見てきましたが、外注先の活用はみんなが苦手な分野でもあります。その理由は、

- **人に任せるより自分がやった方が早い**
- **いい外注先が見つからない、過去に失敗して嫌気がさした**

といった理由が多いことは前述しました。でも、ここを乗り越えることができれば、外注費を使って税金をコントロールしながらお金を増やし、自分の時間まで増やすことができます。

▽素晴らしい外注先の見つけ方

ここでは、どうやったら信頼して仕事を任せることができる外注先を見つけられるかを紹介したいと思います。

私はこれまで、ネットなどで外注先を見つけて外注しては、できあがってきた納品物を見てガッカリしたことが何度もあります。また、期限を全然守らないくせに、お金だけはしっかりと請求してくる方もいました。「もう二度と外注なんて使わない!」「自分でやったほうが早い!」と思ったことは一度や二度ではありません。そんな時期もありましたが、現在は信頼できる外注先が複数社見つかり、安心して仕事を任せられるようになりました。では、どうやって信頼できる外注先を見つけたのかをご紹介します。

まずは、**基本的な考え方として、初めて外注先を探して、自分の理想通りの外注先が見つかることはない!と諦めることです。**期待するのはやめましょう。いきなり理想の外注先が見つかったらラッキーですが、依頼してみて結果がイマイチでも、その外注費は経費になって節税になるのだから、と諦めて次にいきましょう。大切なことは「当たりの外注先」を見つけるまで絶対に諦めないことです。「将来はハワイやバリ島など海外リゾートから遠隔でも仕事ができるようになる！」と夢を抱き、しょぼい外注先に当たっても諦めることなく、次、また次、と新しい外注先をトライしていきましょう。

実際、これは私がやってきたやり方ですが、この原稿を書いている今、私はバリ島にいます。こんな日が来るとは、起業直後は想像もできなかったですが、「経費」を上手に使えるようになるとあなたにもきっとできます！

外注先探しは、一度うまくいくと、そこからはどんどん簡単になっていきます。いい外注先が見つかったら、その方の同業者を紹介してもらいましょう。いい人の友達は、またいい人です。紹介してもらった外注先もいい仕事をしてくれる確率が高いです。外注先探しでも、取引先開拓でも、いい人に出会えると、その周りにはまた、いい人がいてどんどん人脈の輪が広がるようになります。

また、私が半年で200万円の勉強会に参加したことはすでに書きましたが、ここに参加していた経営者の方達におすすめの外注先を紹介してもらったりもしました。仕事で結果を出している方達が紹介してくれる外注先だったので、優秀な方達とたくさん出会うことができました。

このように、外注先探しも人脈ができてくると、仲間に聞けばすぐ見つかるようになってきます。

だからこそ、フリーランスの方には積極的に外注費を活用してほしいのですが、「起業したばかりだし、数年は自分一人で頑張る！」みたいに決めてしまっている人もいるかもしれませんが、その考え方は本当に勿体ないです。

私の周りでも、一度や二度、外注に失敗したことで「やっぱり自分でやった方が早いな」と諦めてしまう人も多いですが、それだと結局自分が使える時間の範囲でしかビジネスを拡大できないし、たとえうまくいったとしても、自分が働き詰めにならないといけなくなります。「お金は十分あるけど、使う暇もないし、仕事ばかりやってきたから趣味も好きなこともない」なんて状態になるのって嫌じゃないですか？　だとしたら諦めずに外注という仕組みをしっかり構築していくためにお金をかけた方がいいと思います。

大丈夫です。もし外注がうまくいかなくてもその費用は「経費」に計上できますから、どちらにしろ節税にはつながります。エジソンも1万回失敗したと言われていますが、あれもきっと、その1万回分の失敗を経費に計上できたから、諦めずに事業を続けられたのだと思っています。

5

会員制レストランの会員になって節税

さて、ここまで外注費や広告費といった、ある種ビジネスを伸ばすための正攻法2つを紹介してきましたが、次に私ならではの独自の戦略をお伝えしていこうと思います。

ここから先は、そこらの経営セミナーでは決して教えてもらえない話なので、最後までしっかり読んでもらえたら嬉しいです。

今、私が会員になっている会員制レストランが3つあります。

会員になるために、500万円以上払いました。1つは、六本木ヒルズにある会員制レストラン、もう2つは非公開（ネットで検索しても出てこない）の会員制レストランとなります。

「レストランの会費だけで500万円？　グルメなんですね」と思う方もいるかもしれま

せんが、私の目的は美味しい食事や素敵な空間で贅沢をすることではありません。**私が大金を払ってまで、会員制レストランに出入りをしているのは、そこでお客様を接待するためです。**

やはり、会員制レストランのような選ばれた場所でお客さんをおもてなしすると、お客さんもいい気分になってくれるんですよね。そしていい気分になっている時は契約までの流れもスムーズにいくものです。実際にこれらのレストランを使うことで数々の良いご縁と仕事を持つことができ、会員になるためのお金はすでに回収済みです。

そのうちの1つの会員制レストランは、市場にめったに出回らないような貴重なワインを味わうことができるお店です。そんなレストランに招待して、美味しいワインと食事でたっぷりとおもてなしをしたら、ワイン好きのお客さんは本気で感動してくれます。美味しい食事とお酒があれば、人ってあっという間に仲良くなることができます。

結局、「ビジネス」というのは人脈が全てなので、経費を使って会員制レストランの会員になって人脈を築いていくっていうのは、我ながらとても有効なお金の使い方だと思います。

そして、会員制レストランでは会員向けのイベント（会員同士が交流できるイベント）

なども企画してくれるのですが、高い会費を払える方達が参加しているので、とてもいいご縁や高単価な仕事をゲットしやすい場所でもあります。

すでに200万円のセミナーで高単価の仕事やいい外注先を見つけたことは紹介しましたが、ここでも売上をさらに増やすことができた良い出会いにたくさん恵まれました。

というと、「いくら『経費』だからといって、会員制レストランに500万円も払う余裕はうちにはありません！」と思う方もいるかもしれませんが、別に会員制レストランでなくても良いのです。

ましてや500万円といった金額でもなく、大事なのは、お客様を接待して「私にとってあなたはとても大事なお客様です」ということを伝えることですから。

大事なお客さんにはちょっと気の利いたプレゼントをしたり、普通ではできないような良い体験をさせてあげるってすごく有効です。

これは何も私だけが考えていることではありません。保険営業の世界では昔から「GNP」という言葉があります。

「義理（G）・人情（N）・プレゼント（P）」を省略した言葉なのですが、結局は細かい営業テクニックよりも、こういった人間的なつながりの方が効果が大きかったりするんですよね。

トップ営業マンにもなると、売上が1億円を超え、優良なお客様とお付き合いしていくために年間数千万円の交際費を使っている方もいたりします。

自分が使いたいことにお金を使うのもいいけれども、お客さんの喜ぶことに経費をかけるというのもビジネスを成長させる上で大事な視点なので、ぜひこの考え方を持っておいてくださいね。

6

コンサルタントに600万円払って節税

実は私、2023年の1月に、テレビに初出演しました。

地方局ですが、ナビゲーターは、かつて日本テレビのアナウンサーとして活躍されていた魚住りえさん。ご存じの方もいるかもしれません。

さて、皆にこの話をすると、「事務所の宣伝でテレビ出演ですか！　すごいですね」という反応がかえってくるのですが、厳密にいうと本当の目的はちょっと違います。

私の本当の目的は、そのテレビ出演をきっかけに、テレビ局や芸能プロダクションにコネクションを築くこと。

よく、お医者さんや弁護士といった、文化人としてテレビに登場する人たちがいますよね。そんな文化人枠に自分が入れたら、事務所の宣伝になるのはもちろん、他にも面白いビジネス展開がどんどんできると考えたのです。

ただ、当然ながらテレビって「出てみたいんです！」と言って出られるものではありません。

お金を払えば一度だけ出られるような番組はいくつもありますが、そこから人気者になってテレビ番組から声をかけられるようになるには、戦略が必要なのです。

そこで、私は600万円もの大金を投じてコンサルタントに依頼し、テレビ戦略を含めたブランディングをお願いすることにしました。

正直、この600万円は回収まで少し時間がかかると思っていました。

ただ、実際にお願いしてみた後、コンサルタントの方が別の仕事を紹介してくれたり、今まで聞いたこともないような投資案件を紹介していただいたり、新しく開発された節税商品を「一緒に販売しませんか？」とお誘いいただいたりしたことでなんと数ヶ月であっという間に回収完了。

高いステージにいる人たちの情報や考え方、ビジネスの進め方などとても勉強になりました。

そうそう、このコンサルタントの方と出会った場所ってどこだと思いますか？

実は、前項でお話しした会員制レストランで私はこの方と出会っているのです。

そう聞くと、「場所」にお金をかけるって本当に価値があると思いませんか？

自分よりもステージが高い人と出会う場所があれば、思考の次元が違う人と出会い、楽しくお酒を飲みながら学ぶことができる。

もちろん、その全てを経費に計上できるので、がっつりと節税をしながら、大きく事業を発展させていけるんです。

さあ、ここまで読んであなたももうお気づきなのではないでしょうか。

事業を成功させるために必要なのは努力ではありません。何をするかよりも、「どこにいるか」「誰と一緒にいるか」が大切なのです。

だからこそ、起業したてのフリーランスの方は、経費を使って人と出会うことにしっかりとお金と時間をかけてほしいなと思います。

▽もし起業初期に戻ったら、何から始めるか？

「経費を使って人と出会う」起業初期の私ができなかったことです。理由は2つ。

1つ目は、お金がギリギリだったこと。少ない収入も生活費や借金返済で消えていったので、目の前の仕事をこなす以上にお金を使えませんでした。

もう1つは、自分に自信がなかったこと。税理士事務所での経験もなかったので、「間違えたらどうしよう？」「大きな仕事でミスって損害賠償くらったら人生終わりだ……」と思っていました。だから、経費を使ってモリモリ稼いでいる人たちと出会うチャンスを自ら閉ざしていました。

もし、起業初期に戻ってリセットされたら、2つの問題がそのまま残っていても、全力でモリモリ稼いでいる人たちと仲良くなる行動をとります。お金がなくても、「一緒にモリモリ稼ごう！」という仲間を作って、彼らから仕事を紹介してもらえたら紹介料を払えるようにしておいて、彼らの営業代行もできる状態でさらにモリモリ稼いでいる人たちに会いに行きます。

また、大きな仕事で自分に経験がなくて不安なときも、同業者の相談できる仲間を作って、「協力してもらったらお礼をちゃんと払うから助けて！」と関係を作っておいた上で大きな仕事を取りに行きます。

「お金がない！」というときは、知恵と工夫で乗り越えましょう！

7

LINEに1000万円払って節税

さて、ここであなたに1つ質問があります。

長くビジネスを続けるためには、「流行に左右されず、自分のやり方を極める」のと「常に最新の稼ぎ方を知っておく」ことの、どちらが大事だと思いますか？

色々な考え方があると思いますが、私はこれまでの経験上圧倒的に後者だと考えています。私が税理士としてうまくいっている理由もそうですし、周りの波に乗っている社長さん達を見ていても、「常に最新のノウハウを追う」という姿勢が共通してあるように思います。

実際に、昨年私自身も税理士業界ではほとんど活用されていないＬＩＮＥのメッセージを使った集客方法を試してみたところ、1年で1億円以上の売上を作ることができました。

実は私は昨年、長年の目標だった経営者向けの講座（勉強会）を作ったのですが、これをどうやって販売するか悩んでいました。そんなとき、「ＬＩＮＥのメッセージを自動化して売るといいよ」というアドバイスをいただいたのです。

ちなみに、このアドバイスをくれた方は、マーケティング業界でもかなり有名な方。どうやって知り合ったかというと、セミナーに参加しまくって、「もっといいセミナーない？」と参加者に聞きまくること3年にしてようやくたどり着いた方です。

その方いわく、今はＬＩＮＥを使って1ヶ月で数千万円とか数億といった売上を作る人たちが普通にいるとのこと。それを聞いて私は「これだ！」と思ったのですが、一体どうやったらそんなに強力なメッセージを作ることができるのかわからず、プロにお願いすることにしたのです。

そこで提示された金額がなんと１０００万円。しかもこれ、初期費用のようなもので、売上があがればまたそこからも成功報酬をお支払いしなければいけません。

これを聞いて大抵の人は「いや、そんな大金無理です！」と決めつけてしまうと思います。ですが、私は思い切って「お願いします！」と頭を下げることにしました。

もちろん、「けっこうな大金だから、回収できたらいいな」というふわっとした感覚でお願いしたわけではありません。最悪、失敗しても「節税」になるからいいかと思いつつ……、当時、私のYouTubeチャンネルの登録者数が5万人を超えていたので、YouTubeからLINEに集客し、そこでYouTubeとは一味違う、ビジネスの戦略についてのメッセージを送っていけば、きっと経営者の方には刺さるはずという確信があったのです。

結果、この考えがハマりました。実際に募集を開始してみたところ、想像以上の人が集まり、売り上げもあっという間に1億円を突破。一瞬にして投資した費用の回収完了です。

私がこれだけうまくいった理由はいくつかあります。まず、単純に良いLINEアカウントを構築してもらえたこと。YouTubeである程度のファンができていたこと。でも何よりも大きいのは、私と同じような税理士のポジションで、LINEを使って経営者向けセミナーの集客をしている競合が当時はまだいなかったということです。

競合が少ないところにいけば、同じ労力で5倍、10倍の売上を出すことができる。この考え方はフリーランスの方にもぜひ取り入れてほしいと思っています。

実際に、最新の稼ぎ方を身につければ、個人レベルでも上場企業と付き合いができるようになります。TikTokの黎明期など、法人成りもしていないフリーランスの方が、上場企業のコンサルに入ることもざらにありました。ビジネスが波にのっかっている間に何億円もの売上を作り、そのままバイアウト（会社を売却）した事例などもたくさんあります。

今は新しいビジネスもどんどん出てきていますから、こういった事例はこれからも増えていくことでしょう。


フリーランスの方は、挑戦心を失わず、色々と新しいことに取り組んでいってください。そうするとどんどん色々な結果が出て勝手に周りが羨ましがるようになっていくので、営業が本当に楽になるのです。

私も「永江先生はなんでもうまくいってすごいですね！」とよく言われるのですが、それだけ多くのものに手を出しているから、と言えます。言わないだけで（聞かれれば全て話しますが）、お金を無為に溶かしてしまい枕を濡らした夜も数えきれないほどあったりします。そのたびに、「まあ、節税になったからいっか」と思うようにしてきました。

日本人は「1つのところで頑張るのが美学」「置かれたところで咲きましょう」みたいなところがありますが、色々なところに挑戦していった方が結果早く成長できたりします。

ぜひあなたも、新しい波に乗って、節税しながら大きな成功を手にしてくださいね。

8

会社を5つ作って節税

前項を読んで、「いいね！　色々なことに挑戦したいです！」と思ったあなたに、ぴったりな節税テクニックをお伝えします。

それは、**会社を分けて経営を行うこと**。

法人は一人で何個でも作ることができるので、人によっては事業を分けて、複数の会社経営を行っている人もいます。「法人を何個も作ったら管理が大変そうなのに、なぜそんなことをするのか？」と思う方もいるかもしれませんが、そこには節税のメリットがあるからです。

法人をいくつも持つことによって得られるメリットには、

- **法人税を節約できる**

・交際費を多く使える
・消費税を抑えられる
・退職金を分散して受け取れる
・会社を売却しやすい

などがあります。

法人税については6章で詳しく説明をしているのでここでは簡単な説明に止めますが、法人税の税率が大きく変わるのが、利益で８００万円からです。法人の利益が８００万円までは法人税等がざっくり25％ですが、８００万円を超えるとざっくり35％と税率がアップしてしまいます。

でも、**もし事業を切り分けて別の会社にすることができれば、税率も低いままに抑えることが可能です。**

例えば、利益が４０００万円の会社をそのまま経営するか、それを5つの会社に分けてそれぞれ８００万円ずつの利益にするか考えてみましょう。

１社で４０００万円の利益だと約１４００万円の税金、5社に分けると税金が約１００

0万円です。税率の違いで、数百万円以上も節税できる可能性があるわけです。

また、交際費の部分もメリットが大きいです。

1つの法人で使える交際費の上限は800万円。これが、5つの法人になると一気に4000万円までに上限が高くなります。

これ、実際にやってみるとわかりますが、かなり大きいですよ！


それから、会社を分割することで消費税も抑えられます。

ただ、2023年にインボイス制度が始まることでこれまでよりは効果が減ってしまいます（本当に残念……）。


さらに、もし事業が大きくなったら、「他の事業もあるし、1つだけ会社を売ってしまおう！」といった選択肢も広がります。

会社を売却する際は、会社の株を売却することになります。この会社の株を売却した際の税金はなんと一律で20％です。

何億円、何十億円と売却益が出ても、税金は20％（所得税＋住民税）です。これもまた、大きなメリットです。

ただもちろん、注意点もあります。

会社を作ると、それぞれの会社で年間のコストがかかるし、税理士の費用も考えなくてはいけません。

そこをちゃんと計算して、メリットとデメリットを天秤にかけてくださいね。

9 個人事業を赤字にして節税

複数の収入源がある場合、個人事業を赤字にすることで節税できてしまうケースもあります。やりすぎると税務調査が来る可能性が跳ね上がり危険なのですが、ここで紹介したいと思います。

実際に税務調査が来てしまった例としては、副業（本当は雑所得）を事業所得として赤字で確定申告をし、税金ががっつり取られている給与収入や不動産収入の利益と相殺して所得税・住民税を減らす方がたまにいらっしゃいます。

例えば、こんな感じです。

給与所得が５００万円、不動産所得が３００万円ある方がいたとしましょう。計算を簡単にするため、控除が基礎控除だけだったとします。

すると、所得税は約100万円になります。

ここで、将来は起業したいと思い、副業を始めたもののまだ軌道にのっておらず赤字が200万円出てしまったとしましょう。

この赤字を事業所得として確定申告すると、給与所得や不動産所得の利益と合算して税金を払うことになります。すると、500万円＋300万円－200万円＝600万円から基礎控除を引いた額に所得税がかかり、その額は約68万円となります。結果、所得税が30万円以上安くなります。

このように、確かに「節税」にはなるのですが、ここには大きく2つの問題点があります。具体的には、

❶そもそもこの副業が事業所得でいいのか？

❷給与所得がある人が他の所得（事業や不動産）で赤字をつくり所得税を節税している確定申告書は税務署が特にチェックしている

という2点です。

国が副業を推進し始めたことで、副業を始める方が増えてきています。

この副業が「事業所得」として認められるには要件があり、ざっくり「誰が見てもそれは事業だよね！　副業の域を出ているよね」と判断されるレベルで副業をしていることです。

要は、週末だけ数時間、趣味を生かして稼いでいますというレベルではダメということです。

「あなた、平日は会社で働いているし、生活のための収入の柱は会社の給料だよね？」と言われてしまいます。

税務署も同じ見方をしていて、事業レベルに満たない副業で事業所得を赤字にしていると非常に税務調査が来やすいです。

そして、「本当は事業ではないから雑所得ですね、雑所得は他の所得と相殺できないから所得税は確定申告の内容より増えるので、追加で税金払ってくださいね！」と言われてしまいムダな過少申告加算税や延滞税を払うことになってしまいますので注意してください。

6章

節税マスターレベル３　個人より税金が安い？
「法人」を使った節税ノウハウ

1

個人から「法人」に切り替えるおすすめの時期は？

「売上がいくらになったら法人化したらいいですか？」

これは、個人事業主の方からよく税理士がいただく質問の1つです。

きっと、フリーランスとして仕事をしているあなたも一度はこの問題で悩んだことがあるのではないでしょうか。

この章では、個人事業主から法人に切り替えるタイミングについて、その判断基準をお伝えしていきます。

今、法人化するべきかどうか悩んでいる方はぜひ参考にしてください。

▽ そもそも法人化とは？

法人化とは、個人事業を行っている人が会社を設立し、会社として事業を行うことを指します。法人化をすることで、社会的信用が増し、税制上の優遇を受けることができます。

一方でランニングコストが増える・設立に費用がかかるなどのデメリットもあるため、法人化をするタイミングはしっかりと検討が必要です。

▽法人化の判断基準

法人になるのがいいか、それともこのまま個人事業主として事業を継続した方がいいかは、これから解説する2つの観点から考えることをおすすめします。

❶年間の所得がいくらか

法人化するべきかどうかを考える判断基準の1つ目は、年間の所得（≒売上－経費）がいくらかです。

個人事業と法人では所得に対する税負担が変わってくるため、所得が増えれば増えるほど、税の負担面では法人の方が有利になります。

・個人事業の所得に課される負担＝所得税（最大45%）、復興特別所得税、住民税
・法人の所得に課される負担＝法人税（最大約23%）、事業税など

所得税の特徴として「超過累進税率」という仕組みがあり、次のページの表の通り個人の稼ぎが大きくなればなるほど、税率もどんどん高くなります。事業所得が194万円のときの税率は5％ですが、4000万円を超えると、税率は45％に跳ね上がります。

他方、法人税の所得に対する計算方法は非常にシンプルで、

- **課税所得が800万円まで　税率15％**
- **課税所得が800万円以上　税率23・2％**

となっており、800万円を超えるとそこから先はどれだけ所得が増えても税率が上がることはありません。そのため、一般的な目安として、所得が800万円を超えたあたりから法人化を検討すると良いと言われています。

❷法人化によるメリットがどれだけあるか

前述の通り、基本的に税制面で法人は個人よりも優遇されていますが、それ以外にも法人化することによるメリットはたくさんあります。

所得税の税率

課税される所得金額	税率	控除額
1,000円から 1,949,000円まで	5%	0円
1,950,000円から 3,299,000円まで	10%	97,500円
3,300,000円から 6,949,000円まで	20%	427,500円
6,950,000円から 8,999,000円まで	23%	636,000円
9,000,000円から 17,999,000円まで	33%	1,536,000円
18,000,000円から 39,999,000円まで	40%	2,796,000円
40,000,000円以上	45%	4,796,000円

・社会的信用

大前提として、法人だから経営や顧客対応がしっかりとしているとは限らないですし、個人事業でやっているから本気度が足りなくて信用ができない、ということはありません。

ですが、一般的にはやはり法人化していることによって「なんとなく個人よりも信用ができそう」と感じる人が多いのも事実。実際、フリーランスの方のなかには「法人化してないの？　なんで？」とか、「フリーランスかぁ……うーん、なるほど……」と取引先から渋い表情をされた経験がある方も多いかもしれません。

やはり、「株式会社」としてきちんと法務局で登記をし、形式面を整えることも社会的な信用を確保していく上では有効な手段の１つです。

・決算日の融通がきく

個人事業の場合、決算日は12月31日と決まっていますが、法人は好きな日を選ぶことができます。これによって、繁忙期を避けて、自分の好きなタイミングで決算を行うことができます。

・人材採用が有利

また、法人は個人事業に比べて社会的信用を得やすいため、人材の採用面でも有利になることが多いです。「採用されるなら、ちゃんとした会社がいい」と考える人は一定数いるもの。結果として、個人事業よりも人材を集めやすい傾向があります。

▽法人化することによってかかるコスト

ここまで、法人化の目安として「税制上の優遇」と「経営メリット」を基準とした考え方を紹介してきました。

ただ、法人化を検討する上ではコストがそれなりにかかってくるということも同時にしっかりと頭に入れておかなければなりません。

ここで一度、法人化をすることによって、法人の売上金額や、赤字・黒字に関係なく発生するミニマムコストを確認しておきましょう。

・法人住民税

会社を運営していると、赤字かどうかに関係なく住民税の課税義務が発生します。

これを「法人住民税の均等割」といい、資本金1000万円以下で従業員が50人以下の場合は売上や利益にかかわらず最低でも7万円の負担が必要です。

この、「法人住民税の均等割」の金額の内訳は次のページの表の通りです。

法人の場合は、個人と違って売上が赤字でもこの金額の負担が求められるので、個人事業主にはなかった税負担が生じることになります。

・社会保険料

社会保険料とは健康保険、介護保険（40歳以上が対象）、厚生年金保険、雇用保険、労災保険の5つの保険にかかる料金です。法人の社会保険料は、毎年4月から6月の役員報酬（後述します）の額をベースに計算します。そのため、役員報酬を支払わない場合を除き、法人を設立することで社会保険料がランニングコストとしてかかることになります。

また、従業員がいる場合は、その従業員にかかる社会保険料の一部（労使折半）を会社が負担しなければなりません。

と、ここまで見た通り、法人を1つ設立すれば、最低でも年間7万円＋社会保険料

法人住民税の均等割

資本金等の額	都道府県民税均等割		市町村民税均等割従業員数50人超	市町村民税均等割従業員数50人以下
1千万円以下	2万円	＋	12万円	5万円
1千万円超1億円以下	5万円	＋	15万円	13万円
1億円超10億円以下	13万円	＋	40万円	16万円
10億円超50億円以下	54万円	＋	175万円	41万円
50億円超	80万円	＋	300万円	41万円

の支払いが発生することには注意をしてください。

・**税理士報酬**

法人の会計処理や税務を個人が一人でやることは困難です。

そこで、大抵の場合は税理士と顧問契約を結ぶことになりますが、大体の相場として最低でも年間30万円ほどはかかってくると見ておいた方が良いでしょう。会社の規模が小さい場合、年に1回だけ決算をお願いするということであれば10万円前後で対応してくれる税理士も見つかります。

▽役員報酬について

役員報酬とは、会社から、会社の代表であるあなたに払う給与のことです。

個人事業主が稼いだお金は自由に使うことができたのと違い、法人の利益は、社長個人が自由に使えるわけではなく、役員報酬として自分自身に支払いした金額しか自由に使えません。会社の利益は会社のもの、社長であっても会社の事業以外（プライベート）で自由に使うことはできません。この役員報酬も自由に出してどんどん経費に計上できるわけではなく、あらかじめ設定が必要だったりと、とにかく法人は決まりが多いです。

ちなみに役員報酬は社長が勝手に決めて良いわけではなく、定款（法人の目的や構成員など、会社の基本的なルールをまとめた書類）に記載するか、株主総会で決議をする必要があります。

個人事業主が「ひとり社長」になる際にはほとんどの場合は、自身が100％の株主となるでしょうから、株主総会といっても実質は自分一人で決める形になります。

ただ、この場合もいつ株主総会を行って、役員報酬をいくらに設定したのか、簡単な資料を作っておくと良いでしょう。

なお、役員報酬の設定を忘れると、会社があなたに払ったお金を経費として認めてもらうことができず、法人税の課税対象となってしまうので注意してください。

また、役員報酬の適切な金額については相当複雑な計算が必要になるので、税理士などに相談することをおすすめします。

▽「売上高が1000万円を超えるかどうか」は基準にならない

さて、ここまで読んで「売上1000万円から法人化した方がいいと聞いたけど？」と思う方もいるかもしれません。

確かに、一般的に「売上が1000万円を超えたら法人化を検討するべき」と言われることが多いのですが、この常識は今後大きく変わっていくと考えています。

なぜならこの考え方は、様々な法人化の基準のうち、「消費税」のみを判断材料とするもので、またその消費税の制度も今大きく変革しようとしているからです（インボイス制度の開始）。

消費税については本章の後半でも詳しく解説していきますが、ざっくり言うと「売上が1000万円を超えたらその2期後から課税事業者になる」というのが原則でした。

このとき、個人事業主としての売上と法人の売上は別のものとして考えられるので、個人で売上が1000万を超え、その2年後の消費税が課税されるタイミングになってから法人を設立することで、個人事業での消費税の課税を免れるという方法を使うことができました。

しかし、インボイス制度が始まることによって売上が1000万円以下でも消費税を払わなくてはいけない事業者が続出することが想定されます。

結果、「売上が1000万円を超えたら法人化して免税期間を延ばす」というスキームは今後使いにくくなっていくことでしょう。

また、「売上1000万」というのは法人化をする判断基準として使うには、あまりに情報が少ないとも言えます。同じ売上額でも事業者によって利益や税率はばらばらであり、

「売上1000万」だけでは課税所得がいくらかもわかりません。

よく言われる「1000万円ルール」はこのように曖昧な基準なので、**自身の法人化を検討する際には売上ベースではなく利益や所得ベースで考えていった方が良いでしょう。**

このように、法人化をすることで税制面・経営面で様々なメリットがあるものの、法人の設立・ランニングコストは決して無視することはできません。

また、自身が使うお金に関しても、役員報酬の設定が必要になるなど個人と法人ではお金の流れが大きく違ってくるため、このあたりを理解しないまま法人を作っても、「なんだか税金は減った気がするけど、自由に使えるお金もだいぶ減った気がする」というふうに、本末転倒なことになってしまいます。

総じて、法人化のベストタイミングの判断は一筋縄ではいきません。様々な要因が絡み合う複雑な判断が必要な場面だからこそ、焦らず進めていきましょう。

2

「所得税0%！」給与所得控除を利用した節税

「給与所得控除」という言葉を聞いたことがありますか？

フリーランスの方々の間では少し馴染みの薄い言葉かもしれませんね。起業してフリーランスとなった時の収入は事業所得と呼ばれます。これに対して、会社員が会社から受け取る収入のことを給与収入と呼びます。

給与所得控除は、役員報酬や給与収入を得ている方のための制度で、税金を計算するときに年収に応じて、ある一定額が収入から控除され、税金の負担が軽くなる制度のことです。会社員をしていた時は、会社が勝手に計算して税金を払ってくれているので、はじめて知る方も多いのではないでしょうか。

控除される額は年収によって変わりますが、次の図の通りです。

例えば年収が５００万円だったら、５００万円×20％＋44万円＝１４４万円が控除され

給与所得控除の額

給与等の収入金額（給与所得の源泉徴収票の支払金額）	給与所得控除額
1,625,000円まで	550,000円
1,625,001円から 1,800,000円まで	収入金額×40％－100,000円
1,800,001円から 3,600,000円まで	収入金額×30％＋80,000円
3,600,001円から 6,600,000円まで	収入金額×20％＋440,000円
6,600,001円から 8,500,000円まで	収入金額×10％＋1,100,000円
8,500,001円以上	1,950,000円（上限）

ることになります。

年収総額の500万円が税金の対象になるのではなく、500万円−144万円＝356万円が税金の対象となります。これはかなりお得ですよね！

「え、でも、これって給料をもらう人ための制度なんでしょ？　フリーランスじゃ使えないじゃん」と肩を落としているあなた！　実は、ちょっとしたテクニックで、フリーランスでもこの給与所得控除をゲットできるのです。方法は主に3つ。

❶アルバイトで年間55万円の収入まで働く
❷会社を設立して、社長（自分）の給与を4・5万円程度にする
❸複数ある取引先の1つで働く形態を外注から雇用契約（アルバイト）にしてもらう

順番に見ていきましょう。フリーランスの収入は事業所得として確定申告することになります。しかし、55万円までのアルバイト収入は給与所得控除が55万円あるため、55万円−55万円＝0円、1円たりとも税金を払わなくていい状態になります。

2つ目です。所得税や社会保険料を節約する目的で法人を作ります。社長1人だけの法人を作り、自分に対して給料を年間55万円支払います。すると、この給料に対しては給与所得控除を利用することができ税金0円です。

例えばフリーランスの方で、翻訳の仕事と秘書の仕事、2つの仕事をしている場合。翻訳の仕事を法人で行い、秘書の仕事をフリーランスとして個人事業で行う、というように事業を分けることでフリーランスでありながら給与所得控除を利用できるようになります。

3つ目です。あなたがフリーランスとして複数の取引先から仕事を受けていたとします。その時、1つの取引先にお願いして働く形態を雇用契約（アルバイト）にしてもらいます。すると、働いた対価は給料として受け取ることになるため、給与所得控除が使えます。

ちなみに、フリーランスとアルバイトってどちらも「自由な雇用形態」ということで似たものと考えられがちなのですが、法律的な実態は全く違います。

アルバイトは会社と雇用契約を結び、その企業の従業員となる働き方です。

基本的には「何時間働いたか」をベースに給与が決定され、仕事の成果ではなく労働時間そのものに対してお金が支払われます。

アルバイトの場合は、会社が会計処理もしてくれるため、自分で確定申告をする必要はありません。

対してフリーランスは、会社に雇われるのではなく業務委託契約を結びます。労働時間そのものにお金が払われるのではなく、仕事の成果を提供して報酬をもらう働き方です。

フリーランスの場合は、会計処理を全て自分で行う必要があり、確定申告も自分で行います。

このように、フリーランスとアルバイトは法律的な実態は大きく異なるものなので、両方のメリット・デメリットを理解した上で、自分にとって一番良い働き方を選んでいけると良いでしょう。

▽給与所得控除を使うとどのくらい税金が減る？

次に給与所得控除が使えたら、どのくらい税金がお得になるのか見てみましょう。

例えば、売上が年間700万円だった方が、①売上の内55万円を給与としてもらうよう変更できた場合と、②売上の内200万円を給与としてもらうよう変更できた場合で所得税がどれだけ安くなるのでしょうか。

所得税を計算する前提として、控除は次の2つのみ（青色申告特別控除65万円、基礎控除48万円）とした場合の所得税は次のようになります。この他、利益に応じて住民税10％

給与所得控除を使うとどのくらい税金が減る？

	年商700万円のフリーランス❶	❶の売上の内、55万円を給与にできたら	❶の売上の内、200万円を給与にできたら
売上	700万円	645万円	500万円
経費	200万円	200万円	200万円
利益	500万円	445万円	300万円
所得税	36.6万円	23.6万円	22.1万円

や国民健康保険料約10%も連動して減少しますので、所得税以外にも税金が10万円以上安くなります。

税金の知識を持つと、このように、どうやって税金を節約していくか色々考えることができるようになります。

私も税理士として起業して数年目から、個人事業（税理士業）とは別に会社を設立し、会社からの役員報酬（給与収入）を月額5万8000円に設定して、所得税・住民税・健康保険料の節税をしていました。「自分の給料を月6万円くらいにしてるよ」という人がいたら間違いなくこの節税方法を意識しています。

こんなふうに、あまり知られていない給与所得控除ですが、上手に活用すれば10万円以上も税金を減らすこともできます。

活用できそうな方は、ぜひ手堅く給与所得控除を使って上手に節税につなげてください。

▽会社の維持費も節約しつつ、給与所得控除を活用したい！

とてもメリットがある給与所得控除ですが、アルバイトをしなければいけなかったり、会社を作らないといけなかったりハードルが高いのも事実です。そんなハードルを下げるネタを1つ紹介します。

会社を作れば給与所得控除を利用できますが、会社設立で20万円くらい、税理士へ決算を依頼すると、別途20万円前後、毎年かかってしまいます。

そこで、個人事業主として活動している友達何人かと共同で会社を設立し、給与所得控除のメリットを受けるのもありではないかなと思っています。3人で会社を作れば、維持費の負担も1／3になります。

共同で会社を作って、「持ち逃げされた！」とか「裏切りにあった！」というのもよく聞く話でリスクはあります。しかし、それぞれが最低限の仕事を会社に入れて、給与所得控除のメリットを受ける目的で作った会社であれば、最悪、乗っ取り等にあってもダメージは限定的です。

各メンバーが年間60万円くらい、1人でやっているフリーランスの仕事とは違う仕事を会社に入れることができれば会社を維持していくこともできるので、トライする価値はあるのではないかなと思います。

3 健康保険料を安くする節税ノウハウ

次に、健康保険の仕組みを利用して、確実に節税をするテクニックについてのお話をします。

個人事業主の医療費を支えてくれる国民健康保険には、きっとあなたも入っていると思います。この国民健康保険とは、船員保険・共済組合・社会保険などに加入していない人が対象の公的医療保険で、主に自営業者や仕事をしていない人が加入するものです。

ここで、国民健康保険料がどうやって決まるのか計算方法をチェックしてみましょう。

例えば、個人事業主（独身）で年間売上700万円、経費200万円、利益が500万円、基礎控除43万円（国民健康保険料の計算上の基礎控除は所得税の基礎控除と5万円ほど異なります）だったとしましょう。

国民健康保険料

年間保険料は、(1) と (2) と (3) の合計です。

	均等割額	所得割額	賦課限度額
(1) 医療分	45,000円 ×世帯の加入者数	世帯の加入者全員の算定基礎額 ×7.17%	65万円
(2) 支援金分	15,100円 ×世帯の加入者数	世帯の加入者全員の算定基礎額 ×2.42%	22万円
(3) 介護分	16,200円 ×世帯の加入者のうち40～64歳の加入者数	世帯の加入者のうち40～64歳の算定基礎額 ×1.75%	17万円

※東京都新宿区の場合

※算定基礎額とは、令和4年中の総所得金額等から基礎控除額43万円（合計所得金額が2,400万円以下の場合）を差し引いた金額です。算定基礎額が0円未満になる場合は0円として扱います。

※子育て世代への支援として、未就学児に係る均等割保険料が5割に減額されます。減額を受けるにあたって、申請等の必要はありません。

※ (3) 介護分保険料は、40歳から64歳までの方が対象です。

国民健康保険料の対象となる所得は700万円－200万円－43万円＝457万円。この457万円に対して、457万円×（7・17％＋2・42％）＝43万8200円（100円未満切り捨て、40歳未満の場合）。これが所得に応じて払う所得割といわれる部分です。

これとは別に、世帯人数に対して固定で負担が求められる均等割りが4万5000円×1人＋1万5100円×1人＝6万100円の負担が発生します。

所得割と均等割りの合計で43万8200円＋6万100円＝49万8300円が国民健康保険料として支払う年間額となります。

これは個人事業主の方にとってはかなりきついですよね。実際、毎年6月に保険料の通知書と請求書がくるたびに「国民健康保険って何とか安くならないのか？」「かなり痛い支出だけど、1円でも安くする方法はないのかな」と思っている人は多いのではないでしょうか。

では、どうしたらいいのか。3つポイントを紹介します。

❶法人化を利用する

国民健康保険料の負担を減らすための1つ目の方法が「法人化」です。法人化をすると、国民健康保険ではなく、会社の健康保険（名前がほぼ同じなのでややこしいですが、国民健康保険とは別の健康保険制度）に切り替えることができます。
この会社の健康保険は、保険料の計算が少し違って、国民健康保険よりも安くなることがあります。

ここで、法人化して会社の健康保険に加入し社長（自分）の給料を月額5万円に設定したとしましょう。

会社の健康保険料は、月給に応じて次のページの図の通りに決定されます。健康保険料率は個人の国民健康保険料率とほぼ同じです。

	～39歳	40歳～	
国民健康保険料率	9・59％	11・34％	新宿区の場合
会社の健康保険料率	10・00％	11・82％	東京都の場合

しかし、法人化して社長（自分）の給料を月5万円にすると、社会保険料を月額5800円（40歳未満の場合）に固定することができます。結果、年間保険料は5800円／月×12ヶ月＝6万9600円となります。

会社の健康保険料

令和５年３月分（４月納付分）からの健康保険・厚生年金保険の保険料額表

• 健康保険料率：令和５年３月分～ 適用　　• 介護保険料率：令和５年３月分～ 適用
• 厚生年金保険料率：平成29年９月分～ 適用　• 子ども・子育て拠出金率：令和２年４月分～ 適用

（東京都）　（単位：円）

標準報酬		報酬月額	全国健康保険協会管掌健康保険料				厚生年金保険料（厚生年金基金加入員を除く）	
			介護保険第2号被保険者に該当しない場合		介護保険第2号被保険者に該当する場合		一般、坑内員・船員	
等級	月額		10.00%		11.82%		18.300%	
			全額	折半額	全額	折半額	全額	折半額
1	58,000	円以上 円未満 ～63,000	5,800.0	2,900.0	6,855.6	3,427.8		
2	68,000	63,000～73,000	6,800.0	3,400.0	8,037.6	4,018.8		
3	78,000	73,000～83,000	7,800.0	3,900.0	9,219.6	4,609.8		
4(1)	88,000	83,000～93,000	8,800.0	4,400.0	10,401.6	5,200.8	16,104.00	8,052.00
5(2)	98,000	93,000～101,000	9,800.0	4,900.0	11,583.6	5,791.8	17,934.00	8,967.00
6(3)	104,000	101,000～107,000	10,400.0	5,200.0	12,292.8	6,146.4	19,032.00	9,516.00
7(4)	110,000	107,000～114,000	11,000.0	5,500.0	13,002.0	6,501.0	20,130.00	10,065.00
8(5)	118,000	114,000～122,000	11,800.0	5,900.0	13,947.6	6,973.8	21,594.00	10,797.00
9(6)	126,000	122,000～130,000	12,600.0	6,300.0	14,893.2	7,446.6	23,058.00	11,529.00
10(7)	134,000	130,000～138,000	13,400.0	6,700.0	15,838.8	7,919.4	24,522.00	12,261.00
11(8)	142,000	138,000～146,000	14,200.0	7,100.0	16,784.4	8,392.2	25,986.00	12,993.00
12(9)	150,000	146,000～155,000	15,000.0	7,500.0	17,730.0	8,865.0	27,450.00	13,725.00

法人化する前の国民健康保険料49万8300円と比べると、42万8700円も保険料が下がっています。これが法人化して会社の健康保険を利用して国民健康保険料を安くする仕組みになります。

また、ここでは個人事業主が法人化する場合はほぼ1人会社であると想定し、会社負担の健康保険料も自分が負担するようなものとして、個人事業主の場合の国民健康保険料と比較しています。

❷年金額の変動もチェック

ここまで法人化を利用した健康保険料の節税ノウハウを紹介してきましたが、この手法にもデメリットはあります。それが年金です。

個人事業主で国民年金に加入している場合、年金額は令和5年度（令和5年4月〜令和6年3月まで）は月額1万6520円、年間19万8240円です。しかし、会社の健康保険に加入すると同時に年金も国民年金から厚生年金に切り替わります。

国民年金は稼ぎに関係なく一律で年間19万8240円ですが、厚生年金は月給に応じて最大で月額11万8950円（個人負担・会社負担合算で）、年額で142万7400円まで負担額がアップします。

月給5万円の場合は月額1万6104円（個人負担・会社負担合算で）と国民年金よりも安く節約になりますが、月給を増やす場合には個人の健康保険料・年金と会社の健康保険料・年金を比較して節税メリットが出るか検討する必要があるので注意してくださいね。

もしあなたのビジネスがうまくいって、しっかり儲かっているなら、役員報酬をグッと減らして、会社にお金を残す作戦も検討してみるといいでしょう。

さらに、役員報酬は年に一度、自由に変えることができます。

だから、法人化を利用すれば利益が出ている年は、報酬を控えめにして、保険料を抑えつつ、会社にしっかりお金を残していくことができます。

……と、ここまで聞くと「なんて完璧な作戦！」と思うかもしれませんが、落とし穴もあるので注意。

そう、会社に残ったお金には「法人税」がかかるのです。これも頭に入れて、うまくバランスを取るのがカギです。このあたりはプロの税理士にしっかりと相談するといいでしょう。うまくいけば、年間で数十万円は節約につながります！

▽個人か法人か？　結局、どっちがお得なの？

さて、この項では、法人にした場合の節税メリットを色々と紹介してきましたが、「個人か法人かどっちがお得なのか？」を検討する時、知らないといけない新知識が多かったり、法人の税金の試算をしないといけなかったり、うんざりしてきてる方もいるかもしれません。

個人と法人を比較するには、給与所得控除のメリットや個人と法人の健康保険・年金の算出ルールの違いから生まれる所得税・住民税・個人事業税・社会保険料など個人の税金の差と法人税等がいくらになるのかを計算して比較することになります。他にも、消費税がからんでくればさらに複雑になりますし、法人の退職金ルールの活用や税理士への顧問料など、考える要素が本当に多いのは事実です。

本書の中で、無料で相談できる国税庁の電話相談の仕組みや税理士会の税理士による無料相談なども紹介していますが、それらは「個人か法人か」の検討までは付き合ってくれません（たぶん）。どちらにするのか、本当に検討したいときは、とりあえず1年だけ税理士に確定申告を依頼して、通常の依頼のついでに個人か法人かどっちがお得か検討してもらうと楽だと思います。

4

「売上」を分散して消費税を節税する方法

インボイス制度が導入され、さらに節税が悩ましくなった消費税。ここでは法人を利用した消費税の節税方法を紹介していきます。

最初に消費税の仕組みについて簡単に解説しておきます。

まずは、消費税の基準期間の売上について。基準期間の売上とは、例えば令和6年3月期限の確定申告（令和5年1月〜12月の確定申告）をする場合、基準期間の売上は令和3年1月〜12月の売上となります。要は、今回の確定申告の対象期間の2年前の売上ということです。

この基準期間の売上が1000万円を超えている場合、今回の確定申告で消費税の納税義務が発生します。

支払う消費税は、売上に含まれる消費税から、仕入れや経費を支払う際に含まれる消費税を差し引くことで計算されます。

例えば、売上が1320万円（消費税120万円）、仕入れ・経費の合計が550万円（消費税50万円）だった場合には、120万円－50万円＝70万円を国に納めることになります。

次に、インボイス制度について簡単に解説しておきます。

2023年10月から始まるインボイス制度。我々の立場（税金を払う立場）から、思いっきりざっくり言ってしまえば、「売上1000万円以下の人でも消費税の納税義務が発生するかもしれない恐怖の増税」制度です。

インボイス制度が導入される前は、売上が1000万円以下であれば、消費税の納税義務は免除されていました。しかし、インボイス制度が導入されたことで売上が1000万円以下の場合の消費税に対する選択が求められるようになりました。

❶免税事業者のまま事業を続ける

❷免税事業者からインボイス発行事業者となり、インボイス制度導入時の激変緩和措置を利用する

インボイス制度が導入される前は、❶の免税事業者でいることのみしか選択できなかったので、何も考える必要はありませんでした。そして消費税を払う必要もありませんでした。

しかし、インボイス制度の導入により売上が1000万円以下でも消費税を払う事業者となる人が出現することになりました。

▽法人を利用して消費税を節税するには？

ここで個人事業主から法人化して消費税を節税する話を解説していきます。

令和3年1月1日～12月31日の売上1320万円（個人事業主として起業）
令和4年1月1日～12月31日の売上1320万円（個人事業主2年目）
令和5年1月1日～12月31日の売上1320万円（法人化）

と、令和5年1月1日に法人化したとしましょう。すると、令和5年の法人の基準期間（令和3年1月1日～令和3年12月31日）の売上は0円となります。この場合、消費税の納税方法として以下の2つから選択できるようになります。

❶免税事業者のまま事業を続ける
❷免税事業者からインボイス発行事業者となり、インボイス制度導入時の激変緩和措置を利用する

免税事業者を選べば支払う消費税は0円です。❷の激変緩和措置を利用する場合は、納める消費税額は売上の20%と簡易的に計算して支払うことになります。全ての売上が10%の消費税対象で売上が1320万円（消費税120万円）であったなら、120万円×20%＝24万円が支払う消費税となります。

本来の消費税の計算方法に比べたら大幅に消費税が減ります。これが法人化を利用した消費税の節税方法になります。

なお、設立後2期免税事業者でいるための条件をもう少し詳しく見ていきましょう。

▽設立後2期、免税事業者でいるためには？

まず、設立時に免税事業者になれる条件は次の通りです。

❶資本金が1000万円未満であること
❷大規模な会社の子会社でないこと

そして、設立後に2年間免税事業者としての地位を保つためには次のどちらか条件を満たす必要があります。

❶設立1期目開始6ヶ月間の課税売上高が1000万円以下
❷設立1期目開始6ヶ月間に支払った給与の金額が1000万円以下

このどちらかさえ満たせば2期目も課税事業者になることはありません。

つまり、「設立して半年で業績が絶好調！　あっという間に最初の半年で売上が1000万を超えちゃいました」なんて場合も半年間で1000万円の給与を払っていなければ、2期目も免税事業者でいることができます。

ここはしっかり気をつけていれば大丈夫かと思いますが、給与だけでなく賞与も「支払った給与」にカウントされてしまうので注意が必要です。

▽売上も給与も1000万円を超えるときの裏技

では、こんなパターンはどうでしょうか？　嬉しいことにあなたのビジネスは完全に金脈を掘り当てて、売上も予想外の伸び方をしています。設立半年での売上は3000万を達成！　あなたもこれまで頑張ってきたご褒美に、半年間で1000万円の給与を手にすることにしました。このような場合は、もう2期目から課税事業者への道のりを歩むしかないのでしょうか？

実は、こんな場合も使える超裏技があり、1期目の事業年度を7ヶ月以内に収めることによって、なんと2期目も免税事業者でいることができるんです。

※参考条文※消費税法第9条2

④　特定期間とは、次の各号に掲げる事業者の区分に応じ当該各号に定める期間をいう。

一　（個人事業者に関する規定の為、省略）

二　その事業年度の前事業年度（七月以下であるものその他の政令で定めるもの（次号において「短期事業年度」という。）を除く。）がある法人

当該前事業年度開始の日以後六月の期間

三　その事業年度の前事業年度が短期事業年度である法人
その事業年度の前々事業年度（その事業年度の基準期間に含まれるものその他の政令で定めるものを除く。）開始の日以後六月の期間（当該前々事業年度が六月以下の場合には、当該前々事業年度開始の日からその終了の日までの期間）

これだと、免税期間は1年7ヶ月に短縮されてしまいますが、1年で終わるよりはまだいいですよね。

まとめると、個人事業主だったあなたが法人を利用して免税期間を最大化する方法は以下の通りです。

❶設立時には絶対に資本金を1000万円未満に設定する。また、設立後も資本金の額を変更しない。

❷設立後半年の売上は1000万円以内になるようにする。もし超えてしまった場合は、給料を1000万円以上払わないようにする。

❸もし設立後半年で、売上も給与も1000万円を超えてしまった場合は、最初の事業

年度を7ヶ月になるように変更する。

と、ここまで気をつければ、あなたも無事に免税事業者の地位を保つことができるのです。

本項では、消費税の節税テクニックを解説してきましたが、消費税は手元のキャッシュの多寡を左右する大きな要素の1つです。

ですから、この情報をうまく使って、賢く、そして効率的に節税の特権を使ってもらえたら嬉しいです。

5

「税金が半分になる⁉」優遇税制を利用した節税

ここまで法人の節税方法を色々紹介してきましたが、消費税ひとつを見ても、法人の方が個人よりもできることは色々あり、やはり法人は税制面で優遇されているのがわかりますよね。そして、法人は個人には使えない優遇制度が他にもたくさんあります。

本項では、法人が個人に比べて税制面で優遇されている部分を解説していきます。

▽法人税は所得税率よりも安い！

単純に法人税は個人の所得税に比べるとだいぶ低く抑えることができます。通常、法人にかかる税金（法人税等）は約35％ですが、これだけでも個人の所得に対する所得税の最高税率45％（＋住民税10％）に比べるとお得な感じがありますよね。

▽法人にかかる税金

ここで、法人にかかる税の種類をおさらいしていきましょう。法人を設立すると、次の5種の税金を払うことになります。ざっくり理解できればいいや、という人は「5種の税金合計で約35％（多めに書いてます、約35％と思っておけばおつりが出ます）の法人税等がかかる」と覚えておけばOKです。

❶法人税
❷法人住民税
❸法人事業税
❹特別法人事業税
❺消費税及び地方消費税

❶法人税

法人税とは法人の事業所得に対して課される税金です。フリーランスから法人化して、ひとり社長で会社を作ったような場合は、年間の所得が800万円の部分までは

15％、それ以上の部分は23・2％が課税されます。つまり、所得が800万円の場合、「800万円×15％＝120万円」が税金となりますが、所得が1000万円だと、800万円を超えた200万円分に対して「200万円×23・2％＝46万4000円」がさらに税金としてかかり、合計166万4000円を税金として納めなくてはなりません。

❷法人住民税

本章の前半でも少しふれた法人住民税。法人住民税は事業が赤字でも一定額の負担が生じます。

❸法人事業税

法人事業税は、事業を行っていることに対して自治体に支払う税金のことです。法人事業税の額は所得をベースに決められます。

税率の詳細な計算は複雑なのでここでは省略しますが、フリーランスの方が法人化した場合など、小規模の事業者の場合は、

・年４００万円以下の所得　３・５％
・年４００万円を超え年８００万円以下の所得　５・３％
・年８００万円を超える所得　７・０％

となる場合が多いです。

❹特別法人事業税

こちらは国に対して支払う事業税です。法人事業税の支払い義務がある事業者が対象となっていて、税額は「法人事業税の額×税率」で計算します。

法人事業税が20万円の場合、「20万円×０・３７＝７万４０００円」を特別法人事業税として、国に納めることになります。

❺消費税及び地方消費税

消費税に関してはこれまで説明してきた通り、売上に含まれる消費税から、仕入れや経費を支払う際に含まれる消費税を差し引いて計算します。

消費税の税率10％のうち、７・８％分が国に納める税金である「消費税」、残りの

2・2%が地方自治体に納める税金である「地方消費税」にあたります。

また、軽減税率8%の場合は6・24%が消費税、1・76%が地方消費税にあたります。

▽法人の実質的にかかる税率は約35%

これら5つの税金を全てそのまま合計すると、法人の税負担は一見非常に重いように見えます。しかし、実際は事業税や特別法人事業税を払う（経費になる）ことで所得が少なくなるため、資本金1億円以下の法人の場合は実質的な税負担は約35%程度となります。この数字は、法人を経営する上で覚えておくと良いでしょう。

▽欠損金の繰越控除

次に有利なのが「欠損金の繰越控除」。これは事業がうまくいかなくてもし赤字になったら、その損失を10年間保存しておいて、次の事業年度以降、儲けたときの利益と昔の赤字を相殺できるという制度です。なお、個人事業主でも繰越制度を使うことはできますが、青色申告の場合のみ利用でき、その期間は3年に限られます。

▽欠損金の繰戻還付

法人が赤字になった場合にもう1つ選択できるものとして、欠損金の繰戻還付という制度もあります。これは、赤字が生じたときに、前年度に払った法人税のうち、赤字部分に相当する金額を戻してもらうことができるという制度です。

繰越控除と繰戻還付は、赤字が生じた場合、どちらかを選択的に利用することになりますが、手元のキャッシュが早く増えることを考えると、繰戻還付の方が有利です。

還付金の計算は、「前期法人税額×（当期欠損金額／前期所得金額）」という式で行います。例えば、

前期　所得金額600万円　（法人税額　600万円×15%＝90万円）
今期　200万円の赤字

この場合は、「90万円×（200／600）＝30万円」の還付を受けることができます。

ただし、繰戻還付を受けるには次の3つの条件を満たす必要があります。

（1）還付所得事業年度から欠損事業年度の前事業年度までの各事業年度について連続して青色申告書である確定申告書を提出していること。
（2）欠損事業年度の青色申告書である確定申告書をその提出期限までに提出していること。
（3）上記（2）の確定申告書と同時に欠損金の繰戻しによる還付請求書を提出すること。

※参考資料 https://www.nta.go.jp/taxes/shiraberu/taxanswer/hojin/5763.htm

なお、この繰戻還付は資本金が1億円以下の法人でしか使うことができませんが、会社が解散する場合にはそれ以外の法人でも使うことができます。

以上、「法人が個人よりも優遇されている」主な制度でした。

ちなみに、本当に小技なのですが他にも法人だけが使えるプチ税制はいくつかあるので、紹介していきますね。

▽研究開発税制

研究開発税制とは、企業が研究開発を行っている場合に、法人税額から、試験研究費の額に税額控除割合（2％～14％）を乗じた金額を控除できる制度です。ただし、法人税額に対する控除上限があります（総額型と呼ばれる本体部分は、法人税額の25％）。

要は、あなたが「新商品を開発します！」とか、「技術力を磨きます！」といったことでお金を使うと、経費として控除できるだけでなく、法人税からも減額ができるという制度ですね。この制度を使うと、研究開発に積極的に取り組んで、長期的な競争力を強化しながら節税をすることができます。

▽中小企業経営強化税制

この制度は、ある設備を取得した場合、その費用を全額即時償却したり、税額控除することができるというもの。ただし、この制度は中小企業景況調査法の認定を受けた中小企業が対象となります。設備は指定事業に利用するもので、一部の条件を満たす必要があります。適用を受けるには、申告書と経営力向上計画書が必要です。これは、大きな設備投資を検討している企業や、売上の増加が見込まれる企業にとって、積極的に活用したい制度です。

代表的なものをいくつか紹介してきましたが、他にも優遇税制は色々とあります。期間限定で使えるようなものもよくあるので最新の情報をつかむようにしていきましょう！

6

法人は個人より経費を増やせる！

法人化をすると、経費計上のルールが大きく変わることになります。個人はプライベートと仕事を区別する必要があり、それに伴って仕事で使ってる割合を計算し、その割合で経費化する必要がありました。しかし、法人には私生活という概念はありません。このため、会社名義で買ったものは、常識的な範囲内であれば100％、経費で計上できるのです。では、具体的にどんなものがあるか見ていきましょう。

▽自動車の経費にできる割合がアップ！

まずは、自動車を例にとりましょう。個人の場合、自動車の使用目的がプライベートか仕事かを明確に分けて、それに応じた経費計上をする必要があります。

しかし、法人はその区別が必要なく、常識的な範囲内であれば、自動車を購入すれば全

額が経費として計上可能です。車1台であれば、全額経費にしていて税務署からツッコまれたことは10年税理士をしていても一度もありませんでした。しかし、会社を自分1人で経営しているにもかかわらず、高級車を3台も4台も保有すると、「仕事でそんなに必要ないですよね？」と経費として認められません。

新車の場合、6年間で減価償却ができるので、仮にあなたが300万円の車を購入したなら、年間50万円を経費に計上できます。

また、4年落ちの高級車を法人名義で購入し1年で全額経費にするという節税ノウハウがあります。

これは、1章でも紹介した「定率法」による減価償却を利用するもので、4年落ちの高級車なら、その購入価格をわずか1年で全額経費にできてしまうのです。

「定額法」を使った場合、4年以上使用された中古車の法定耐用年数は2年です。一方、「定率法」を使うと、定額法の償却率を「2倍」にすることが特例で認められており、取得した年に、その全額を経費として計上することが認められます。

そのため、例えば500万円の高級中古車を購入した場合、定率法を使うことでその全額を経費としてその年に計上することができます。

ただし、年度の途中で車を購入した場合はその全額を計上できるのではなく、月割りで計算して計上することになります。

もし5月決算の会社が11月に車を購入した場合は、11月から翌年5月の7ヶ月分を計上しなければなりません。「今年はこのままだと税金がとんでもないことになる！」と決算直前に車を買っても、減価償却1ヶ月分しか経費にできないので注意してくださいね。

このように自動車は、金額も大きいのでこういった制度を積極的に活用していくと良いでしょう。

▽スマホなどの通信費

スマートフォンについても、法人名義で契約すれば通信費や機器代全てを経費に計上できます。個人が必ずプライベートと按分しなければいけなかったのとでは、かなり違いますね。

▽家賃・水道光熱費

住居の家賃についても法人化の利点があります。個人で家賃を経費に計上する場合、使用目的によって制限があるため、せいぜい家賃の4分の1くらいまでしか経費にできません。しかし、法人では「役員社宅」という制度を利用することで、4分の1以上を経費として計上できる可能性があります。しかも、これは自宅を全部プライベートで使用していてもできることなのです。役員社宅を利用する際に、実際にいくら経費にすることができるかは、税務署が指定する計算方法に従って算出します。

計算方法は、住宅の耐用年数や床面積によって変わってきますが、プール付き自宅・床面積が240平米を超えるなど豪華すぎる社宅の場合には、家賃の全額が役員の負担になるので注意が必要です。

▽出張手当

さらに、法人は出張手当というものを設定できます。出張の際には、宿泊費や交通費、食事代、お土産代など、様々な経費がかかるものです。そこで、出張の目的・期間・出張者の地位などによって、一定額の支給を行うのが「出張手当」です。この制度を利用すると、自分や社員が出張に行った際に、実際にいくら使ったかにかかわらず、あらかじめ決めた金額を日当として支給できる制度です。

これにより、出張時の実費よりも多くを経費に計上することができてしまいます。

例えば、実際には5000円しか使っていなくても、出張手当として1万円を設定し、その1万円を経費に計上することができます。そして、この差額は法人から個人への支払いとなりますが、差額分にかかる所得税は0円です。

このように出張手当は地味に効果のある節税策ですが、金額は常識的な範囲内に設定する必要があります。税理士に相談したり、他社の規定の例を見るなど、「なぜこの金額に設定したのか」という根拠をしっかりと整えておきましょう。

▽退職金

最後に、退職金についてですが、これも法人化により有利になります。

退職金は、法人の場合は諸々の控除を引いた額の、さらに半額に対してのみ税金が課せられます。これにより、個人として給与を受け取るよりも大幅に節税することが可能です。

例えば、会社を20年経営した後、自分に退職金を払ったとします。すると、800万円までは1円も税金が発生しません。1000万円の退職金の場合は、800万円を超えた200万円の50％のみ所得税や住民税の対象となります。このため、税金の負担がかなり低くなっています。

老後のための資金である退職金の税金は、給与の税金よりも優遇されています。

先ほどの例だと1000万円の退職金のうち、所得税の対象となるのは100万円でした。

もし1000万円を役員報酬とすると、1000万円－195万円＝805万円が所得税の対象となります。

実に700万円もの差、いかに退職金が優遇されているかわかりますね。

これらの例を見ると、法人化の魅力がたっぷりと感じられます。

ただし、しっかりとした知識と計画が必要ですので、税金のルールを理解した上で法人パワーを活用しながら、より良い節税戦略を立てましょう。

おわりに

私は今、仕事を通じて多くのフリーランスや個人事業主の方と接しますが、まさに昔の私のように「目の前のお客様を満足させること」に必死すぎて、稼いだお金を守ることも、将来の売上のためにお金を使うこともできていない方が本当に多いなあ……と感じています。

自分を犠牲にしてボロボロになるまで目の前のクライアントに尽くし、最高45%の所得税に心をバキバキに折られながら納税すること数年。それでも、「頑張っていればいつかは稼げる」と信じて必死に働く……そんなフリーランスの方を見るたびに「もっと効率的に節税をすれば、そんなに苦しまなくても利益を増やすことができるのにな」と非常に歯がゆい気持ちを抱いてきました。

本書を執筆したのは、そんな方に向けて、守れるお金はしっかりと守りつつ、効果的な節税をして事業を拡大するノウハウを一人でも多く届けたいという願いからです。

とりわけ、「集客・営業にお金を使って節税しながらビジネスを拡大する」という攻めの節税の重要さについて伝えたく、あえて他の節税ノウハウ本と違い、「どうしたら手元に1円でも多くキャッシュを残せるか」よりも「どうお金を使えば、効果的に節税ができるか」ということに重点を置いてお話をしてきました。

本書を読んで、「手元のキャッシュが減るのは怖い」と感じる方もいるかもしれませんが、そんな方こそ繰り返し本書を読み返して、ぜひ「お金を使う節税」の持つ爆発力を知っていただけたらと思います。

そして、本書に書いてあることは特別なノウハウがなくても、「やる！」と覚悟を決めたら誰でもできることばかりです。お金を人脈に変えましょう！

私が1億円を貯めるまでにやってきた節税ノウハウは本書で全てお伝えしました。

ぜひ、あなたも本書の内容を徹底的にまねて、1億円を貯めてください！

そして、ビジネスを通して人間関係を築いていって仲間が増えたその先には、お金を稼ぐ以上に楽しいことがたくさんあることを実感してもらえたらと思います。

本書が皆様のビジネス拡大の一助となることを心から祈っています。

２０２３年８月　永江将典

読者特典

毎年恒例！

事務所に相談に来る人の「よくある税の質問トップ10」(Q&A)をプレゼント！

本書をご購入いただいた方のために、著者の事務所に相談にやって来る方達からよくある質問をまとめたQ&A集をまとめましたのでプレゼントします。

「開業届はいつ出すの?　出さないとどうなる?」といった実務的な質問から「おすすめの会計ソフトはありますか?」といったものまで幅広い内容をPDFデータにまとめていますので、ぜひご活用ください。

こちらのファイルの入手には翔泳社の会員登録（無料）が必要です。

『税金でこれ以上損をしない方法』特典データダウンロードページ
https://www.shoeisha.co.jp/book/present/9784798179162

※「翔泳社の本」のホームページから、書名の一部を入力して検索しても簡単に見つかります。

※ 読者特典を入手するには、無料の会員登録が必要です。画面にしたがって必要事項を入力してください。すでに翔泳社の会員登録がお済みの方（SHOEISHA iDをお持ちの方）は、新規登録は不要です。

※ 付属特典データおよび特典データのファイルは圧縮されています。ダウンロードしたファイルをダブルクリックすると、ファイルが解凍され、利用いただけます。

※ 付属データおよび特典データに関する権利は著者および株式会社翔泳社が所有しています。許可なく配布したり、Webサイトに転載することはできません。

※ データの提供は予告なく終了することがあります。あらかじめご了承ください。

本書内容に関するお問い合わせについて

このたびは翔泳社の書籍をお買い上げいただき、誠にありがとうございます。弊社では、読者の皆様からのお問い合わせに適切に対応させていただくため、以下のガイドラインへのご協力をお願い致しております。下記項目をお読みいただき、手順に従ってお問い合わせください。

●ご質問される前に

弊社Webサイトの「正誤表」をご参照ください。これまでに判明した正誤や追加情報を掲載しています。

正誤表　https://www.shoeisha.co.jp/book/errata/

●ご質問方法

弊社Webサイトの「書籍に関するお問い合わせ」をご利用ください。

書籍に関するお問い合わせ　https://www.shoeisha.co.jp/book/qa/

インターネットをご利用でない場合は、FAXまたは郵便にて、下記"翔泳社 愛読者サービスセンター"までお問い合わせください。
電話でのご質問は、お受けしておりません。

●回答について

回答は、ご質問いただいた手段によってご返事申し上げます。ご質問の内容によっては、回答に数日ないしはそれ以上の期間を要する場合があります。

●ご質問に際してのご注意

本書の対象を超えるもの、記述個所を特定されないもの、また読者固有の環境に起因するご質問等にはお答えできませんので、予めご了承ください。

●郵便物送付先およびFAX番号

送付先住所　〒160-0006　東京都新宿区舟町5
FAX番号　03-5362-3818
宛先　（株）翔泳社 愛読者サービスセンター

※本書に記載されたURL等は予告なく変更される場合があります。
※本書の出版にあたっては正確な記述につとめましたが、著者や出版社などのいずれも、本書の内容に対してなんらかの保証をするものではなく、内容やサンプルに基づくいかなる運用結果に関してもいっさいの責任を負いません。
※本書に記載されている会社名、製品名はそれぞれ各社の商標および登録商標です。

【著者紹介】

永江 将典（ながえ　まさのり）

公認会計士、税理士。税理士業の他、4つの会社を運営する複業オーナー経営者。

1980年愛知県生まれ。2003年、早稲田大学理工学部応用物理学科卒業。2003年、公認会計士試験に合格し、監査法人トーマツへ入社、一部上場企業の監査や、株式公開支援など約30社を担当。社会のレールに乗せられ、自分のやりたいことが見つからないまま、気づけば嵌ってしまっていた「社畜」の沼。月間残業200時間超えの生活に疲弊し、2008年、ホワイト企業の代表格「世界のトヨタ」へ転職。しかし、常に感じる劣等感や人間関係に疲れ、経理部の仕事にもまったくやりがいを感じられない日々を送る。

2012年、夢と自由、本当の自分を求めて32歳で無計画に起業。年収700万円の超安定会社員から、年収150万円以下の社会の底辺へ。自分を殺し泥水をススるような営業に身を削るどん底時代に、シンガポールの億万長者にお金を稼ぐ極意を学ぶ。その後3年で、税理士業は5店舗へ拡大。お金を稼ぐ極意は凄まじく、YouTubeでは3ヶ月で1億円を稼いだり、飲食業やリハビリ業、不動産業などを開始。2018年、法人化し、事務所名を税理士法人エールへ変更。現在は、東京丸の内、新宿、横浜、大阪の店舗を運営するオーナー経営者となる。

編集協力　石澤茉莉子
装丁デザイン　菊池祐
漫画　さち
DTP　有限会社エヴリ・シンク

税金でこれ以上損をしない方法
40歳で資産1億円を達成した税理士がやった「手取りを増やす」全テクニック

2023年9月21日　初版第1刷発行

著者　永江 将典
発行人　佐々木 幹夫
発行所　株式会社 翔泳社（https://www.shoeisha.co.jp）
印刷・製本　中央精版印刷 株式会社

©2023 Masanori Nagae

本書は著作権法上の保護を受けています。本書の一部または全部について（ソフトウェアおよびプログラムを含む）、株式会社 翔泳社から文書による許諾を得ずに、いかなる方法においても無断で複写、複製することは禁じられています。

本書へのお問い合わせについては、303ページに記載の内容をお読みください。

造本には細心の注意を払っておりますが、万一、乱丁（ページの順序違い）や落丁（ページの抜け）がございましたら、お取り替えいたします。03-5362-3705までご連絡ください。


ISBN978-4-7981-7916-2　Printed in Japan